Ullstein

Georg Kaiser, geboren am 25. November 1878 in Magdeburg als Sohn eines Kaufmanns, arbeitete nach kaufmännischen Lehrjahren ab 1898 als Kontorist in Buenos Aires. 1901 kehrte er nach Deutschland zurück und lebte von nun als freier Schriftsteller in Magdeburg, Grünheide und Berlin. Nach einigen privat gedruckten Dichtungen erschien 1911 die Komödie *Die jüdische Witwe*, 1917, mit der Uraufführung von *Die Bürger von Calais*, avancierte Kaiser zu einem der meistgespielten deutschen Dramatiker der 20er Jahre. Dennoch geriet Kaiser immer wieder in finanzielle Schwierigkeiten und wurde 1921 wegen Betrugs zu einer Haftstrafe verurteilt. Von den Nationalsozialisten mit einem Aufführungsverbot belegt, ging er 1938 ins Schweizer Exil. Mit seinen etwa 70 Dramen ist Kaiser der bedeutendste und fruchtbarste expressionistische Dramatiker. Als ein mit Sprache und Form experimentierender »Denkspieler« schuf er fast mathematisch konstruierte Stücke von visionärer Ekstatik und höchster intellektueller Bewußtheit. Georg Kaiser starb, vergessen und fast mittellos, am 4. Juni 1945 in der Schweiz in Ascona.

Georg Kaiser

GAS

Zwei Schauspiele

Ullstein

ein Ullstein Buch
Nr. 23898
im Verlag Ullstein GmbH,
Frankfurt/M – Berlin

Ungekürzte Ausgabe

Umschlagentwurf:
Hansbernd Lindemann
unter Verwendung eines Gemäldes von
Franz Wilhelm Seiwert
Archiv für Kunst und Geschichte, Berlin
Mit freundlicher Genehmigung
von Dr. Ulli Bohnen
Printed in Germany 1996
Gesamtherstellung:
Ebner Ulm
ISBN 3 548 23898 x

Mai 1996
Gedruckt auf alterungsbeständigem
Papier mit chlorfrei
gebleichtem Zellstoff

Die Deutsche Bibliothek – CIP-Einheitsaufnahme

Kaiser, Georg:
Gas : zwei Schauspiele / Georg Kaiser. –
Ungekürzte Ausg. – Frankfurt/M ; Berlin : Ullstein, 1996
(Ullstein-Buch ; Nr. 23898)
ISBN 3-548-23898-X
NE: GT

INHALT

VORWORT

Mit seinem ›Gas‹-Diptychon (1917/18; 1918/19) avancierte Georg Kaiser zum Teilhaber der Weltliteratur. Die zahlreichen Übersetzungen und Inszenierungen sind dafür nur ein Hinweis. »Was ist Gas? Was sind hier Arbeiter? Mittel der Gegenwart, um ins Menschenunendliche vorzudringen; aus diesen Figuren abzuleiten das Gleichnis, das beständig gültig ist.« Zwischen der Niederschrift der Stücke ›Gas‹ und ›Gas · Zweiter Teil‹ liegt ein einziges Jahr: das Ende der ersten Gas-Schlachten, des ersten Totalkonflikts im Zeitalter der Technik, des ersten Krieges »aller gegen alle«.

Die soziale Frage erweist sich hinsichtlich des Kernproblems der beiden Kaiserschen Stücke als nicht relevant. Sie ist deshalb nach vermeintlich marxistischer Theorie bereits vorweg beantwortet. Die Devise gilt: »Wir arbeiten – und wir teilen!« Also: »Aller Lohn in alle Hände!« Die soziale Lösung bleibt aber vordergründig, solange die machtpolitische nicht mit ihr zusammenfällt. Die Macht liegt ja weiterhin bei den Konzernherren und beim Staat. Dabei kommt es auf das System der jeweils herrschenden Klasse gar nicht an. Ob »Blaufiguren« oder »Gelbfiguren« am Ruder sind, die Parteien unterscheiden sich lediglich durch die Farbe der Uniform. In ihrem gegenseitigen Haß, im Anspruch auf den Besitz der Produktionsmittel und in der Taktik der Ausbeutung sind sie gleich: eine dialektische Verzahnung des modernen Teufelskreises der Macht. Das generelle Vernichtungsmittel in beiden Lagern ist kein Friedensmonopol gegenseitiger Abschreckung. Der Primäreffekt des Endkonflikts mit seiner radikalen Zerstörung »auf beiden Seiten« wird zwar von der technischen Allmacht des Menschen und durch dessen generelle Verfügungsgewalt über die Produktionsmittel der Totalvernichtung provoziert, steigt aber selbst aus ontologischer Problematik.

Im ersten Teil des Diptychons kommt es zur Vorform des Totalkonflikts als Naturereignis. Im zweiten Teil triumphiert der Totalkonflikt selbst als Menschheitskatastrophe. Was im ersten Stück die von Menschen herausgeforderte Natur vorexerziert, das praktiziert im geradezu logisch folgenden zweiten Stück der Mensch selbst. Aus natürlicher Angst vor den inkalkulablen Fehlern und der Gefahr durch nicht zu bewältigende Naturgewalt werden angewandte Angst und konstruierte Gefahr. Unheimliche Metaphysik wird zu entsetzlicher Anthropologie mißbraucht. Die Aktion des existentiellen Nihilismus tobt sich aus: »dies irae« nicht durch Gott, sondern durch den Menschen. Was mit einer Krise der Kalkulation, der Ratio begann, »daß ein Beweis stimmt und dennoch nicht stimmt«, endet mit berechnender Perfidie, mit perversem Geist. Die Formel für »Gas« wird zur Formel für »Giftgas« weiterentwickelt, der produktive Energiequell zu destruktiver Kraft mißbraucht. Das Medusenhaupt der Technik ragt auf. Die Proklamation des Gesetzes der Humanität: »Das Maß ist der Mensch« artet zum vernichtenden Sieg der Formel über die Form, der Hybris über die Güte, des unmenschlichen Menschen über die Menschheit aus.

Das dramatische Skelett dieser dichterischen Dokumentation, Disputation und Rede verfremdet die Handlung zu einer leidenschaftlichen Tatsächlichkeit, die ihrem Thema adäquat ist. Hier war die Gattung des Lehrstücks bereits an ihre Grenzen gestoßen.

WALTER HUDER

GAS

Schauspiel in fünf Akten

———————

*Milliardär: Aber die tiefste Wahrheit,
die findet immer nur ein einzelner.
Dann ist sie so ungeheuer, daß sie ohnmächtig
zu jeder Wirkung wird!*

DIE KORALLE

PERSONEN

DER WEISSE HERR

MILLIARDÄRSOHN

TOCHTER

OFFIZIER

INGENIEUR

ERSTER SCHWARZER HERR

ZWEITER SCHWARZER HERR

DRITTER SCHWARZER HERR

VIERTER SCHWARZER HERR

FÜNFTER SCHWARZER HERR

REGIERUNGSVERTRETER

SCHREIBER

ERSTER ARBEITER

ZWEITER ARBEITER

DRITTER ARBEITER

MÄDCHEN

FRAU

MUTTER

HAUPTMANN

MASCHINENGEWEHRABTEILUNG; ARBEITER

ERSTER AKT

Quadratischer Raum, dessen Hinterwand Glas ist: Arbeitszimmer des Milliardärsohns. Rechts und links auf den Wänden vom Fußboden bis an die Decke hoch Papptafeln, die Tabellen tragen. Links breiter Schreibtisch mit Rohrsessel; ein zweiter Sessel seitlich. Kleiner Schreibtisch rechts. Draußen Schornsteine dicht und steil, in geraden Strahlen Feuer und Rauch vorstoßend. Tanzmusik einschallend.
Am Schreibtisch rechts der junge Schreiber.
Von links tritt der weiße Herr ein: lautlos die Tür schließend, lautlos gehend – nach Musterung des Raumes – zum Schreiber, ihn an der Schulter rührend.

DER WEISSE HERR. Musik?

SCHREIBER *im Schreck Gesicht nach ihm.*

DER WEISSE HERR *nach der Decke lauschend – nickend.* Valse.

SCHREIBER. Wie kommen Sie – –?

DER WEISSE HERR. Ganz ohne Aufsehen. Eine gewisse Geräuschlosigkeit – erzielt auf Gummisohlen. *Er setzt sich in den Sessel am Schreibtisch. – Bein überschlagend.* Der Chef – beschäftigt? Oben?

SCHREIBER. Was – wünschen Sie?

DER WEISSE HERR. Tanzgeselligkeit?

SCHREIBER *immer in benommener Hast.* Oben – ist die Hochzeit.

DER WEISSE HERR *mit Fingerspiel.* Der Chef? Oder –?

SCHREIBER. Die Tochter – mit dem Offizier.

DER WEISSE HERR. Dann ist er allerdings im Augenblick
unabkömmlich – der Chef. – Der Chef!

SCHREIBER. Es gibt hier keinen – Chef!

DER WEISSE HERR *mit schneller Wendung nach ihm.* Das
interessiert! – Vorausgesetzt Sie nicht in subtilen
Kalkulationen, was Sie da – – Lohnlisten?

SCHREIBER. Es gibt hier keine – Lohnlisten!

DER WEISSE HERR. Sie häufen rasch die packenden Mo-
mente. Das reißt mit einem Strudel in die Mitte der
Dinge! *Durchs Fenster zeigend.* Dieses Etablissement
von riesigsten Dimensionen in Volltätigkeit berstend
– ohne Chef, ohne Lonlisten??

SCHREIBER. Wir arbeiten – und wir teilen!

DER WEISSE HERR *nach den Wänden zeigend.* Das
Schema? *Aufstehend und Tabellen lesend.* Drei Staf-
felungen: bis dreißig Quote eins – bis vierzig Quote
zwei – über vierzig Quote drei. Ein schlichtes Re-
chenexempel – Gewinnaufteilung nach Lebensjah-
ren. *Zum Schreiber.* Eine Erfindung des Chefs – der
keiner sein will?

SCHREIBER. Weil er nicht reicher sein will als andere!

DER WEISSE HERR. War er reich?

SCHREIBER. Er ist der Sohn des Milliardärs!

DER WEISSE HERR *lächelnd.* Er stieß bis an die Peripherie
des Reichtums vor und kehrt ins Zentrum zurück –
ins Herz. – Und ihr arbeitet?

SCHREIBER. Jeder gibt sein letztes her!

DER WEISSE HERR. Wenn man am ganzen Gewinn beteiligt ist!

SCHREIBER. Darum arbeiten wir hier mehr als alle anderen auf der Erde!

DER WEISSE HERR. Das Produkt entspricht eurer beson-
deren Betriebsamkeit?

SCHREIBER. Gas!

DER WEISSE HERR *bläst durch die hohle Hand.*

SCHREIBER *erregt.* Wissen Sie nichts vom Gas, das wir
herstellen?

DER WEISSE HERR *ebenso.*

SCHREIBER. Kohle und Wasserkraft sind überboten. Die
neue Energie bewegt neue Millionen Maschinen mit
mächtigerem Antrieb. Wir schaffen ihn. Unser Gas
speist die Technik der Welt!

DER WEISSE HERR *am Fenster.* Tag und Nacht – Feuer
und Rauch?

SCHREIBER. Die äußerste Möglichkeit unserer Leistung
ist erreicht!

DER WEISSE HERR *zurücktretend.* Weil die Armut abge-
schafft ist?

SCHREIBER. Unsere ungeheure Anspannung schafft!

DER WEISSE HERR. Weil der Gewinn verteilt wird?

SCHREIBER. Gas!

DER WEISSE HERR *nahe bei ihm.* Und wenn das Gas einmal –

SCHREIBER. Die Arbeit kann keine Stunde stocken. Wir
arbeiten für uns – nicht mehr in andere Tasche. Keine
Trägheit – kein Streik. Ununterbrochen treibt das
Werk. Das Gas wird nie fehlen!

DER WEISSE HERR. Und wenn das Gas einmal – – explodiert?

SCHREIBER *starrt ihn an.*

DER WEISSE HERR. Was kommt dann?

SCHREIBER *sprachlos.*

DER WEISSE HERR *spricht ihm hauchend mitten ins Ge-*

sicht. Das weiße Entsetzen! – Sich aufrichtend – hin-
aufhörend. Musik. Auf halbem Wege zur Tür einhal-
tend. Valse. Ab, lautlos.

SCHREIBER *in steigender Verwirrung – krümmt sich*
endlich auf den Telephonapparat – fast schreiend.
Der Ingenieur! Seine Blicke laufen irr nach den Tü-
ren rechts und links. Der Ingenieur – im Frack – von
rechts.
INGENIEUR. Was –

Von links Arbeiter – verstört – im weißen Kittel.

SCHREIBER *mit ausgestrecktem Arm nach ihm.* Da –!
INGENIEUR *zum Arbeiter.* Suchen Sie mich?
ARBEITER *stutzt.* Ich wollte Sie rufen lassen.
INGENIEUR *zum Schreiber.* Sie telephonierten schon
nach mir!
SCHREIBER. Weil –
INGENIEUR. Haben Sie Meldung erhalten?
SCHREIBER *schüttelt den Kopf. Nach dem Arbeiter.*
Der –
INGENIEUR. – kommt erst.
SCHREIBER. – mußte kommen!
INGENIEUR *irgendwie betroffen.* Was ist vorgefallen?
ARBEITER. Das Gas im Sichtglas färbt sich.
INGENIEUR. Färbt?!
ARBEITER. Ein schwacher Anflug ist es noch.
INGENIEUR. Verstärkt er sich?
ARBEITER. Sichtbar.
INGENIEUR. Die Färbung?
ARBEITER. Ein helles Rosa.

INGENIEUR. Täuschen Sie sich nicht?

ARBEITER. Ich beobachte mit voller Aufmerksamkeit.

INGENIEUR. Seit –

SCHREIBER *hastig.* – zehn Minuten?

ARBEITER. Ja.

INGENIEUR. Wer sagt das Ihnen?

SCHREIBER. Müssen Sie nicht hinaufrufen?

INGENIEUR *telephoniert.* Ingenieur – Meldung von Kontrollstation – Sichtglas zeigt Färbung – ich übernehme die Kontrolle persönlich. *Zum Arbeiter.* Kommen Sie. *Die beiden links ab.*

SCHREIBER *wirft plötzlich die Arme hoch und rennt schreiend nach links.* Ihr rettet euch nicht – – ihr rettet euch nicht! *Ab.*

Milliardärsohn – sechzigjährig – und Offizier – in roter Uniform – von rechts.

OFFIZIER. Liegt Grund zu ernsthafter Beunruhigung vor?

MILLIARDÄRSOHN. Ich erwarte noch den Bericht des Ingenieurs. Jedenfalls ist mir eure Abreise lieb. Ich wollte mit dir noch über das Vermögen, das meine Tochter dir bringt, sprechen. *Er holt aus dem Schreibtisch ein Buch.*

OFFIZIER. Ich bin dir dankbar.

MILLIARDÄRSOHN. Mir bist du nicht verpflichtet. Es kommt von mütterlicher Seite. Es kann beträchtlich sein. Mir fehlt ja für solche Schätzungen das Verständnis.

OFFIZIER. Ein Offizier ist gezwungen –

MILLIARDÄRSOHN. Ihr liebt euch – und ich erhebe keine Einrede.

OFFIZIER. Ich werde über deiner Tochter, die du mir heute anvertraust, mit meiner Ehre wachen.

MILLIARDÄRSOHN *schlägt das Buch auf.* Das ist das Verzeichnis der Werte und wo sie deponiert sind. Wählt euch einen tüchtigen Bankier und laßt euch beraten. Das ist nötig.

OFFIZIER *liest. Erstaunt sich aufrichtend.* Das beschäftigt allerdings einen Bankier.

MILLIARDÄRSOHN. Weil es ein großes Kapital ist? Darum sage ich es nicht.

OFFIZIER. Bitte, sprich.

MILLIARDÄRSOHN. Was ihr jetzt habt, habt ihr auch für die Zukunft. Von mir könnt ihr nichts erwarten. Weder jetzt – noch später einmal, ich hinterlasse kein Erbe. Meine Grundsätze sind allgemein bekannt genug, du wirst orientiert sein.

OFFIZIER. Wir werden auch kaum in die Lage kommen –

MILLIARDÄRSOHN. Man kann das nicht wissen. So lange Geld angehäuft wird, geht es auch verloren. Die Zustände, darauf gegründet, sind immer unsicher. Ich möchte dir das alles nur gesagt haben, um mich später einmal nicht verantwortlich zu fühlen. Du heiratest die Tochter eines Arbeiters – mehr bin ich nicht! – Daß ich es lieber gesehen hätte, ihre Mutter hätte ihrer Tochter kein Vermögen hinterlassen, verhehle ich dir nicht. Aber ich bin nur mächtig in meinem Bezirk – und mit Gewalt schleppe ich niemand hinein. Auch meine Tochter nicht.

Tochter – in Reiseanzug – von rechts.

TOCHTER. Warum müssen wir denn reisen?

OFFIZIER *küßt ihre Hand.* Wie heiß du noch bist vom Tanz.

MILLIARDÄRSOHN. Ich möchte nicht, daß dein Fest mit einem Mißklang schließt. *Auf ihre erschrockene Geste.* Die Gefahr wird sich ja beseitigen lassen. Aber es verlangt die ganze Anstrengung von uns.

TOCHTER *nach dem Fenster hin.* Unten im Werk?

MILLIARDÄRSOHN. Ich könnte dir später kein Wort des Abschieds sagen.

TOCHTER. Ist es so ernst?

OFFIZIER. Es sind Gegenmaßregeln getroffen.

MILLIARDÄRSOHN *nimmt die Hände der Tochter.* Reise glücklich. Du hast heute meinen Namen abgelegt. Damit ist nichts verloren – ich bin ein sehr einfacher Mann. An die Pracht deines neuen Namens reiche ich nicht. Mußt du in mir verlöschen, wenn du gehst?

TOCHTER *sieht ihn fragend an.*

OFFIZIER. Wie kannst du so sprechen?

MILLIARDÄRSOHN. In den Taumel eures Irrtums folge ich nicht.

TOCHTER. Ich komme doch auch wieder.

MILLIARDÄRSOHN. Die Umkehr kann ich wohl nicht erwarten! *Abbrechend.* Jetzt will ich die Gäste bitten zu gehen. *Er küßt ihre Stirn – gibt dem Offizier die Hand.*

Tochter steht noch betroffen – Offizier führt sie nach links, beide ab.

MILLIARDÄRSOHN *am Telephon.* Verbreiten Sie im Saal: ein Vorfall im Werk unterbricht das Fest. Es

ist ratsam, den Werkbezirk beschleunigt zu verlassen.

Die Musik hört auf.
Ingenieur von links – Kittel überm Frack, in ungeheu-
rer Aufregung.

INGENIEUR *hervorstoßend.* Meldung von Kontrollstation: – Gas färbt mit Sekunden stärker. In Minuten –
bei gleichem Fortschritt – kräftiges Rot!

MILLIARDÄRSOHN. Ist etwas an Maschinen defekt?

INGENIEUR. Tadelloser Gang!

MILLIARDÄRSOHN. Im Material ein Ausfall?

INGENIEUR. Kein Rohstoff ungeprüft vor der Vermi-
schung!

MILLIARDÄRSOHN. Wo liegt das Versehen?

INGENIEUR *von Zittern gewalkt.* In – – der Formel!!

MILLIARDÄRSOHN. Ihre – Formel – stimmt – nicht?

INGENIEUR. Meine Formel – stimmt nicht!

MILLIARDÄRSOHN. Wissen Sie das?

INGENIEUR. Jetzt!

MILLIARDÄRSOHN. Kennen Sie den Fehler?

INGENIEUR. Nein!

MILLIARDÄRSOHN. Finden Sie ihn nicht?

INGENIEUR. Die Berechnung – ist richtig!

MILLIARDÄRSOHN. Und – – das Sichtglas färbt doch?!

INGENIEUR *wirft sich in den Sessel am Schreibtisch: mit*
kurzen Schriftstößen überfährt er das Papier.

MILLIARDÄRSOHN. Funktioniert der Alarm?

INGENIEUR *ohne sich zu unterbrechen.* Alle Glocken
hämmern längst!

MILLIARDÄRSOHN. Bleibt genug Zeit zum Abzug?

INGENIEUR. Die Transportwagen sausen aus den Hallen!

MILLIARDÄRSOHN. Herrscht Disziplin?

INGENIEUR. Musterhaft!

MILLIARDÄRSOHN *maßlos erregt.* Kommen alle heraus?!

INGENIEUR *springt auf, in gerader Haltung vor ihm.* Ich habe meine Pflicht getan. Die Formel ist klar. Ohne Bruch!

MILLIARDÄRSOHN *wie betäubt.* Sie finden den Fehler nicht?!

INGENIEUR. Keiner entdeckt ihn. Keiner kann es. Kein Hirn rechnet straffer. Die letzte Rechnung ist gelöst!

MILLIARDÄRSOHN. Und stimmt nicht?!

INGENIEUR. Stimmt – und stimmt nicht! An die Grenze sind wir gestoßen. Stimmt – und stimmt nicht! Dahinter dringt kein Exempel. Stimmt – und stimmt nicht! Das rechnet sich selbst weiter und stülpt sich gegen uns. Stimmt – und stimmt nicht!

MILLIARDÄRSOHN. Das Gas – –?!

INGENIEUR. – blutet im Sichtglas! flutet an der Formel vorbei rot im Sichtglas! – schwemmt aus der Rechnung in Richtung für sich! – Ich habe meine Pflicht getan. Mein Kopf ist kalt. Es kommt, was nicht kommen kann – und dennoch kommt!

MILLIARDÄRSOHN *tastet nach einem Sessel.* Wir sind wehrlos ausgeliefert –

INGENIEUR. – der Explosion!

Ein Zischlaut zerspleißt die Stille draußen – malmender Donner kracht kurz los: die Schlote knicken und fallen um. Rauchlose Ruhe. Das große Fenster prasselt mit Scherbenregen in den Raum.

MILLIARDÄRSOHN *an die Wand gepreßt – tonlos.* Die
Erde wankte.

INGENIEUR. Druck von abermillionen Atmosphären.

MILLIARDÄRSOHN. Totenstille.

INGENIEUR. Gewaltiger Radius in Vernichtung.

MILLIARDÄRSOHN. Wer lebt noch?

Die Tür links wird aufgestoßen: ein Arbeiter – nackt,
von Explosion gefärbt – taumelt herein.

ARBEITER. Meldung aus Halle acht – Zentrale: – weiße
Katze gesprungen – – rote Augen gerissen – gelbes
Maul gesperrt – – buckelt knisternden Rücken – –
wächst rund – – knickt Träger weg – – hebt das Dach
auf – – und platzt in Funken!! *Mitten auf dem Fuß-*
boden sitzend und um sich schlagend. Hetzt die Katze
weg – husch husch!! – – schlagt sie aufs Maul – –
husch husch!! – – verschüttet die Augen, die zünden
– – stemmt ihren Buckel nieder — alle Fäuste auf
ihren Buckel – – der bläht sich ja — der mästet sich ja
– – mit Gas aus allen Ritzen und Rohren – –!! *Sich*
nochmal halb hochwerfend. Meldung aus Zentrale:
– – die weiße Katze explodiert!! *Er sinkt lang.*

MILLIARDÄRSOHN *tritt zu ihm.*

ARBEITER *sucht mit seiner Hand.*

MILLIARDÄRSOHN *hält sie an.*

ARBEITER *mit einem Schrei.* Mutter –! *Tot.*

MILLIARDÄRSOHN *in tiefer Schräge geneigt.* Menschen – – – –

ZWEITER AKT

Derselbe Raum. Vor das große Fenster ist eine grüne Jalousie herabgelassen. Ein langer Zeichentisch steht da, bedeckt mit Plänen.
Der junge Schreiber – sein Haar nun schlohweiß – an seinem Tisch, untätig.
Milliardärsohn gegen den Zeichentisch gelehnt.

MILLIARDÄRSOHN. Wie lange ist das erst her?

SCHREIBER. Heute ist der siebzehnte Tag.

MILLIARDÄRSOHN *sich nach dem Fenster umsehend.* Vorher wölbten sich dort Hallen und stießen Schlote in den Himmel, die einen feurigen Atem fauchten? War das nicht so hinter dieser grünen Kulisse?

SCHREIBER. In Minuten stürzte alles zu Staubhaufen gepulvert.

MILLIARDÄRSOHN. Ereignete es sich nicht vor einem Jahrtausend?

SCHREIBER. Den Tag kann ich nicht vergessen!

MILLIARDÄRSOHN. Liegt er nicht doch zu weit hinter Ihnen?

SCHREIBER *sieht ihn fragend an.*

MILLIARDÄRSOHN. Wenn Sie im Spiegel Ihr Haar betrachten?

SCHREIBER. Ich war erregt – bis zu Halluzinationen. Ich fühlte, wie sich das vorbereitete. Ich sah – körperlich das Entsetzen. Das war schlimmer, als – wie es nun wirklich eintrat. Da war ich schon weiß!

MILLIARDÄRSOHN *nickend.* Das weiße Entsetzen – das mußte uns den Stoß geben – kräftig – um uns über ein Jahrtausend vorwärts zu schleudern! – – Siebzehn Tage – sagen Sie? Siebzehn Tage voll Rast und Ruhe!

SCHREIBER *sachlich.* Die Arbeiter verharren bei ihrer Weigerung.

MILLIARDÄRSOHN. Ich kann sie auch nicht beschäftigen. Das Werk ist dem Erdboden gleich gemacht.

SCHREIBER. Die Arbeit wird von ihnen nicht eher begonnen –

MILLIARDÄRSOHN. Bis ich meine Erlaubnis gebe.

SCHREIBER *betroffen.* Schieben Sie denn den Wiederaufbau hinaus?

MILLIARDÄRSOHN *kopfschüttelnd.* Ich schiebe ihn nicht hinaus –

SCHREIBER. Sie zeichnen schon immer an den Plänen.

MILLIARDÄRSOHN *über den Zeichentisch gebeugt.* Ich messe und male – – –

SCHREIBER. Der Anspruch der ganzen Welt wird dringend. Der Vorrat ist in nächster Zeit erschöpft. Fehlt Gas – –!

MILLIARDÄRSOHN *sich rasch aufrichtend.* Halte ich nicht das Schicksal der Welt in Händen?

SCHREIBER. Sie müssen die Forderung der Arbeiter erfüllen – sonst kommt erst die ungeheuerlichste Katastrophe!

MILLIARDÄRSOHN *tritt zu ihm und streicht ihm übers Haar.* Katastrophe nennen Sie das? – Sie jugendlicher Weißkopf – Sie sollten gewarnt sein. Es machte sich ungeheuerlich genug, als es hier donnernd aufflog! – Wollen Sie in das weiße Entsetzen umkehren? Zuckt

es Ihnen schon wieder in den Fingern? Sind Sie nur
Schreiber?

SCHREIBER. Ich habe meinen Beruf.

MILLIARDÄRSOHN. Ruft es Sie nicht ab – von Wichtige-
rem?

SCHREIBER. Ich brauche den Erwerb.

MILLIARDÄRSOHN. Und wenn dieser Grund nun weg-
fiele?

SCHREIBER. Ich – bin Schreiber.

MILLIARDÄRSOHN. Mit Haut und Haar?

SCHREIBER. Ich – schreibe.

MILLIARDÄRSOHN. Weil Sie immer geschrieben haben?

SCHREIBER. Es ist – mein Beruf!

MILLIARDÄRSOHN *lächelnd.* So tief hat es euch verschüttet. Die Schichten sind auf euch getragen – Lager
über Lager. Da mußte euch wohl ein explodierender
Vulkan heraufreißen – ihr wäret nicht wieder hoch-
gekommen!

Von links kommen die drei Arbeiter.

MILLIARDÄRSOHN *zu ihnen.* Seid ihr wieder durch den
Schutt gestampft? Ich konnte euch die Antwort noch
nicht schicken. Es formt sich noch – ich stecke ganz in
Berechnungen und Entwürfen – da seht! – Aber ich
kann euch feste Vorschläge machen, wenn ihr mir
eine letzte Frist gebt. Wollt ihr das?

ERSTER ARBEITER. Die Erregung –

MILLIARDÄRSOHN. Die verstehe ich. Es gab Tote – ich
wage nicht zu denken, wieviel Opfer das Unglück
heischte. *Sich den Kopf umspannend.* Und doch muß
ich es mir vor Augen halten. Dann liegt meine Entscheidung klar zutage! – Sprecht.

ERSTER ARBEITER. Wir bringen nur dieselbe Forderung, die wir immer stellten.

MILLIARDÄRSOHN. Ich kenne sie: Es geht mir durch den Kopf. Ich nahm sie ja zum Anlaß meiner – *Kurz.* Ich soll den Ingenieur fortschicken?

ERSTER ARBEITER. Heute ist es noch nicht zu spät.

MILLIARDÄRSOHN. Morgen?

ERSTER ARBEITER. Morgen würden wir die Arbeit für zwanzig Wochen verweigern.

MILLIARDÄRSOHN. Die Trümmer liegen lassen?

ERSTER ARBEITER. Sonst kann in zwanzig Wochen das Werk wieder arbeiten.

ZWEITER ARBEITER. Länger als zwanzig Wochen reicht das Gas im Vorrat der Welt nicht.

DRITTER ARBEITER. Eine Weltwerkruhe wird.

MILLIARDÄRSOHN. – – Warum soll ich denn den Ingenieur entlassen? *Da die Arbeiter schweigen.* Wo liegt seine Verfehlung? Haben die Sicherheitsvorrichtungen versagt? Einigermaßen wenigstens? – Blieb der Alarm unvollständig? Ich muß auch ihm Recht widerfahren lassen, wenn ich euch ein Zugeständnis leiste. Das ist nur billig.

DRITTER ARBEITER. Das Gas ist explodiert.

MILLIARDÄRSOHN. Mit seiner Schuld? Nein. Die Formel ist richtig. Jetzt noch.

ERSTER ARBEITER. Die Explosion geschah.

MILLIARDÄRSOHN. Nach ihrem Gesetz. Nicht nach seinem.

ZWEITER ARBEITER. Er hat die Formel gemacht.

MILLIARDÄRSOHN. Die stärkere schafft keiner!

Die drei Arbeiter schweigen.

ERSTER ARBEITER. Der Ingenieur muß gehen!

ZWEITER ARBEITER. Heute muß er fort!

DRITTER ARBEITER. Sein Abschied muß jetzt verkündet werden!

ERSTER ARBEITER. Mit dieser Erklärung können wir nur zurückkommen!

MILLIARDÄRSOHN. Wollt ihr das Opfer haben? Ist es das? Meint ihr, die Toten damit stumm zu machen, die in euch schreien? Dies Geheul, das euer Blut schüttelt, zu erwürgen? Deckt ihr das Leichenfeld zu mit neuen Gerichteten? Seid ihr verstrickt in dies wüste Gelüste von Rachsucht nach allem Entsetzen, das sich aufspielte? Wird das die Frucht des feurigen Baums, der auf uns niederregnete mit Pech und Schwefel?

ERSTER ARBEITER. – – Es ist noch dies: wir bürgen nicht mehr für die Haltung der Arbeiter.

ZWEITER ARBEITER. Es besteht eine Gärung, die anschwillt.

DRITTER ARBEITER. Der Ausbruch kommt sicher.

MILLIARDÄRSOHN *heftig*. Sagt ihnen doch – allen, allen! – sie haben doch Ohren zu hören und einen Verstand zu denken: über Menschenmaß ging es hinaus. Das Hirn des Ingenieurs hat das Äußerste berechnet. Dahinter wogen Gewalten ohne Kontrolle. Der Fehler wird von jenseits diktiert. Unauffindbar von hier. Die Formel stimmt – und das Gas fliegt auf! – Seht ihr denn nicht?

ERSTER ARBEITER. Wir haben unseren Auftrag.

MILLIARDÄRSOHN. Übernehmt ihr auch die Verantwortung?

ERSTER ARBEITER. Wofür?

MILLIARDÄRSOHN. Ich erfülle eure Forderung – der Ingenieur geht – und ihr zieht wieder ins Werk.

ERSTER ARBEITER. Dafür stehen wir ein.

MILLIARDÄRSOHN. Und macht Gas?

ZWEITER UND DRITTER ARBEITER. Gas!

MILLIARDÄRSOHN. Die Formel gilt?

ERSTER ARBEITER *zögernd.* Wenn sie richtig ist –

MILLIARDÄRSOHN. Unumstößlich!

ZWEITER ARBEITER. Sie ist richtig und –

MILLIARDÄRSOHN. Und das Gas explodiert!

Die drei Arbeiter schweigen.

MILLIARDÄRSOHN. – – Muß der Ingenieur jetzt nicht bleiben?

Die drei Arbeiter sehen vor sich.

MILLIARDÄRSOHN. Bewahrt meine Weigerung nicht vor dem Entsetzen? Halte ich nicht Tore verschlossen, hinter denen die Hölle glostet? Die keinen Durchlaß zum Himmel offen lassen? Eine brennende Sackgasse ist? – – Wer geht in Sackgassen – und wischt sich das Ziel aus den Augen? Wer ist dieser Dummkopf – der sich die Stirn einstößt an der letzten Wand und sagt: ich bin am Ende? Am Ende ist er – aber in Vernichtung! – – Kehrt um – kehrt um, die Warnung dröhnte – sie sprengte die Luft voneinander und krachte mit Getöse auf uns nieder! – Umkehr – Umkehr!!

ERSTER ARBEITER *sich aufrichtend.* Wir müssen arbeiten!

ZWEITER ARBEITER. Unsere Arbeit ist es!

DRITTER ARBEITER. Wir sind Arbeiter!

MILLIARDÄRSOHN. Unermüdlich seid ihr die. Emporge-

rissen in die letzte Leistung. Maßlos angefeuert von
dem hier. *Auf die Tabellen weisend.* Das ist die Hetz-
jagd schematisiert. Eure Arbeit – in eurer Hände
Höhlung aller Lohn. Das muntert euch auf – das
spornt noch über den Gewinn – da wird Arbeit um
der Arbeit willen getan. Fieber bricht aus und nebelt
um die Sinne: Arbeit – Arbeit – ein Keil, der sich wei-
tertreibt und bohrt, weil er bohrt. Wo hinaus? Ich
bohre, weil ich bohre – ich war ein Bohrer – ich bin
ein Bohrer – und bleibe Bohrer! – – Graut euch
nicht? Vor der Verstümmlung, die ihr an euch selbst
anrichtet? Ihr Wunderwesen – ihr Vielfältigen – ihr
Menschen?!

ERSTER ARBEITER. – – Wir sollen eine klare Antwort mit-
bringen.

MILLIARDÄRSOHN. Ich gab sie euch ja. Aber ihr versteht
das noch nicht. Mir ist es auch noch neu – und ich
taste mit größter Vorsicht daran!

ZWEITER ARBEITER. Geht der Ingenieur?

MILLIARDÄRSOHN. Er geht!

DRITTER ARBEITER. Heute?

MILLIARDÄRSOHN. Er bleibt!

ERSTER ARBEITER. Das ist kein deutlicher Bescheid!

MILLIARDÄRSOHN. Er geht – und bleibt: so gleichgültig
soll uns der Ingenieur werden!

ZWEITER ARBEITER. Was heißt das?

MILLIARDÄRSOHN. Mein kleines kostbares Geheimnis
noch. Später entfalte ich es vor euch ohne Hehl. Die
Pläne – da seht! – ich vollendete sie noch nicht –
meine Hilfskraft ist noch nicht da, ohne die ich sie
nicht zu Ende bringen kann – und die ist der Mann,
der euch Feind und nicht Feind ist!

ERSTER ARBEITER. Können wir draußen mit Bestimmt-
heit zusagen?

MILLIARDÄRSOHN. Was ihr wollt. Ich erfülle alles – und
so viel, wie ihr draußen mit keinem Wort versprechen könnt! – Das muß euch hier mit Freude wegge-
hen lassen!

Die drei Arbeiter ab.

MILLIARDÄRSOHN *an den Zeichentisch – beugt sich über
die Pläne.*

SCHREIBER *vom Stuhl hoch – hastig.* Ich – gehe!

MILLIARDÄRSOHN *richtet sich auf.*

SCHREIBER. Ich bin – unbeschäftigt!

MILLIARDÄRSOHN. Vorläufig.

SCHREIBER. Das – bleibt auch so?

MILLIARDÄRSOHN. Wieder Gesichte? Aber nicht diesmal
von hellerem Kontur? Nicht Fata Morgana mit Oase
unter Grün aus Sandwüste? – Verkündigen Sie doch
– Sie junger Prophet. Sie haben doch die sonderbarste
Begabung. Ich bin neugierig auf Ihre Weissagungen!

SCHREIBER. Ich – finde nichts wieder zu schreiben!

MILLIARDÄRSOHN. Wird es nicht verlockend? Reizt Sie
nicht die Gesundheit: beide Hände zu rühren statt
dieser, die schreibt – Sie linkshändig Gelähmter?

SCHREIBER. Ich – gehe!

MILLIARDÄRSOHN. Wohin?

SCHREIBER. Zu den andern!

MILLIARDÄRSOHN. Sammelt euch – murrt vor den To-
ren. Noch saust das Rad in euch – langsam be-
schwichtigen sich die Stöße. Bis zum Stillstand
braucht es seine Zeit. Dann gebe ich euch Einlaß!

SCHREIBER *rasch rechts ab.*

MILLIARDÄRSOHN *wieder am Zeichentisch.*

Ingenieur von links.

MILLIARDÄRSOHN *dreht sich nach ihm.* Ohne Schaden
an Rumpf und Rock?

INGENIEUR *sieht ihn fragend an.*

MILLIARDÄRSOHN. Sind Sie nicht der Sündenbock, dem
man die eigenen Hörner in den Leib stoßen will? Hat
man Sie noch nicht geprügelt?

INGENIEUR. Pfiffe hörte ich.

MILLIARDÄRSOHN. So signalisiert man heute das Opfer-
tier – morgen schächtet man es.

INGENIEUR. Ich weiß mich frei von Fahrlässigkeit – oder
Unvermögen.

MILLIARDÄRSOHN. Aber man trachtet nach Ihrem Fell!

INGENIEUR. Man müßte den Leuten beweisen –

MILLIARDÄRSOHN. – daß ein Beweis stimmt und dennoch nicht stimmt!

INGENIEUR. – – Ich kann nicht gehen – wie die Schuld
würde ich es auf mich nehmen –!

MILLIARDÄRSOHN. Kann ich Sie nicht entlassen?

INGENIEUR. Nein! Sonst ätzen Sie das Mal auf mich –
das mich ausstößt!

MILLIARDÄRSOHN. Einer muß leiden für viele.

INGENIEUR *erregt.* Wenn man dem allgemeinen Vorteil
gerecht wird – ja! Wo liegt er hier? Setzen Sie an
meinen Platz diesen oder jenen – die Formbel bleibt
gültig – muß gelten. Er rechnet mit Menschenverstand – und Menschenverstand rechnet nur so! –

Oder Sie müssen zu einer schwächeren Formel zurückkehren!

MILLIARDÄRSOHN. Glauben Sie daran?

INGENIEUR. Die Maschinen der Welt müssen umgerichtet werden.

MILLIARDÄRSOHN. Daran würde es nicht scheitern.

INGENIEUR. Vor die Notwendigkeit eines geringeren Betriebsmittels gestellt –

MILLIARDÄRSOHN. Die Maschinen ließen sich aufhalten – die Menschen nicht!

INGENIEUR. Wenn sie die Gefahr erkannt haben?

MILLIARDÄRSOHN. Wenn sie zehnmal in die Luft flögen – sie richteten sich die heiße Zone zum elften Male ein!

INGENIEUR. Eine Explosion wie diese –

MILLIARDÄRSOHN. Bringt sie zur Besinnung? Mäßigt sie das Fieber, in dem sie rasen? Draußen pochen sie bereits: gib uns den Ingenieur heraus – dann rasen wir weiter – aus Explosion in Explosion!

INGENIEUR. Darum ist mein Abgang unsinnig!

MILLIARDÄRSOHN *listig lächelnd.* Eine Dummheit ohnegleichen! Sie liefen mir ja wieder herein – in den Hexenkessel – die Schelme. Die Pforte muß verrammelt werden – und dazu bediene ich mich der Figur. Mächtig bin ich jetzt, wie ich Sie bei mir halte!

INGENIEUR *streicht sich über die Stirn.* Wollen Sie denn – –

MILLIARDÄRSOHN. Kommen Sie her. *Er führt ihn an den Zeichentisch.* Sehen Sie das? – Aufrisse – in groben Zügen. – Erster Niederschlag eines Projekts. – Schließlich nur Ansätze zu etwas Bedeutendem. – Erste Skizzen. –

INGENIEUR. Was ist das?

MILLIARDÄRSOHN. Ist Ihnen das Terrain nicht bekannt?

INGENIEUR. Das – Werk.

MILLIARDÄRSOHN. Ist dem Erdboden gleich gemacht.

INGENIEUR. Sind das – die neuen Hallen?

MILLIARDÄRSOHN. Von diesen lächerlichen Dimensionen?

INGENIEUR. Sind das – Höfe?

MILLIARDÄRSOHN. Die bunten Ringe?

INGENIEUR. Sind das – Geleise?

MILLIARDÄRSOHN. Die grünen Linien? *Ingenieur starrt die Pläne an.* Raten Sie nichts? Wird Ihnen nichts verdächtig, Sie Schlaukopf? Sie Einmaleinsfresser? – Macht Ihnen der Rebus zu schaffen, der in allen Farben schillert? – – Blind seid ihr – farbenblind von der Ewigkeit eures Einerlei bis an diesen Tag! Jetzt bricht euch der neue frühlinghaft entgegen. Augen auf und schweifend ins Gefild: um euch ist die bunte Erde hier! – *Auf den Plänen nachzeichnend.* Grüne Linien – Straßen mit Bäumen gesäumt. Rote, gelbe, blaue Ringe – Plätze bewuchert mit Pflanzen, die blühen aus Grasfläche. Vierecke – hineingestellt Häuser mit kleinem Gebiet von Eigentum, das beherbergt! – Mächtige Straßen hinaus – erobernd eindringend in andere Striche – betreten von Pilgern von uns – die Einfachstes predigen: – uns!! *Seine Geste ist groß.*

INGENIEUR *verwirrt.* Errichten Sie – das neue Werk – an anderer Stelle?

MILLIARDÄRSOHN. Es begrub sich selbst. Auf seinem Gipfel – schlug es um. Deshalb sind wir entlassen. Sie – und ich – und alle! – mit reinem Gewissen. Wir sind

den Weg furchtlos zu Ende gegangen – nun biegen
wir aus. Unser Recht ist es – unser gutes Recht!

INGENIEUR. Der Wiederaufbau – steht in Frage??

MILLIARDÄRSOHN *auf die Pläne klopfend.* Da ist gegen
ihn entschieden!

INGENIEUR. Das Gas – das nur hier gemacht werden
kann –?

MILLIARDÄRSOHN. – explodierte!

INGENIEUR. – – Die Arbeiter??

MILLIARDÄRSOHN. Über grünem Grund Siedler!

INGENIEUR. Das – – ist – – unmöglich!

MILLIARDÄRSOHN. Stoßen Sie sich an meinen Plänen?
Ich sagte ja, daß sie unvollkommen sind. Ich habe mit
der Ausführung auf Sie gezählt. Ja, mit Ihrer Hilfe
rechne ich stark. Sie sind wie kein zweiter fähig, ein
großes Projekt zu bewältigen. Zu Ihnen habe ich das
beste Vertrauen! – Wollen wir uns an die Arbeit machen? *Er rückt einen Sessel an den Zeichentisch und
setzt sich.*

INGENIEUR *zurücktretend.* Ich bin Ingenieur!

MILLIARDÄRSOHN. Sie verwerten noch einmal Ihre
Kenntnisse hier!

INGENIEUR. Mein Fach – ist das nicht!

MILLIARDÄRSOHN. Hier werden alle Kräfte frei!

INGENIEUR. Ich übernehme – solche Aufgabe nicht!

MILLIARDÄRSOHN. Die ist Ihnen zu schwierig?

INGENIEUR. Zu – dürftig!

MILLIARDÄRSOHN *steht auf.* Was sagen Sie da?! – Das ist
gering – – vor Ihrem Witz, der zählen kann? – Beherrscht Sie ihr Exempel – das sie rechneten? – Sind
Sie in dies Gebälk verschroben – das Sie konstruier-
ten? – Haben Sie Arme und Beine – und Blut und

Sinne ausgeliefert in diese Klammer, die Sie zwäng-
ten? Sind Sie ein von Haupt umsponnenes Schema?
Er tastet nach ihm. Wo sind Sie? Mit Wärme – mit
Puls – und Scham?!

INGENIEUR. Wenn ich nicht beschäftigt werden kann –
in meinem Fach – –

MILLIARDÄRSOHN. Schlagen nicht Ihre Hände nach
Ihrem Mund – der Mord redet?

INGENIEUR. – – suche ich meine Entlassung!

MILLIARDÄRSOHN *stützt sich gegen den Tisch.* Nein! –
Das bringt die andern zurück. – Der Weg ist frei –
und sie stürzen herein – und bauen Ihre Hölle wieder
auf – und das Fieber wütet weiter! – – Helfen Sie mir
– – bleiben Sie bei mir – – arbeiten Sie mit mir hier,
wo ich arbeite!!

INGENIEUR. Ich bin entlassen!

MILLIARDÄRSOHN *sieht ihn sprachlos an.*

INGENIEUR *links ab.*

MILLIARDÄRSOHN *endlich stark.* Dann muß ich euch alle
zwingen!

DRITTER AKT

Ovaler Raum. In sehr heller Wandtäfelung liegen die
Türen unsichtbar: zwei hinten, eine links. In der Mitte
runder Tisch von kleinem Umfang mit grüner Decke –
sechs Stühle daran dicht nebeneinander.
Offizier kommt von links – im Mantel. Eine Unruhe ist
kaum beherrscht. Er sucht nach den Türen – pocht an
Teile der Täfelung.
Milliardärsohn tritt links hinten heraus.

OFFIZIER *dreht sich rasch nach ihm und geht zu ihm.*
Störe ich dich?

MILLIARDÄRSOHN *verwundert.* Seid ihr da?

OFFIZIER. Nein, ich bin allein hier.

MILLIARDÄRSOHN. Warum ohne deine Frau?

OFFIZIER. Sie – konnte mich nicht begleiten.

MILLIARDÄRSOHN. Ist meine Tochter krank?

OFFIZIER. Sie – weiß von meiner Reise nichts!

MILLIARDÄRSOHN *nickt.* Der Anblick ist auch wenig er-
quicklich – das väterliche Werk ein Trümmerhaufen.
Willst du dich hier umsehen?

OFFIZIER *flüchtig.* Die Katastrophe muß ja fürchterlich
gewesen sein. Der Aufbau schreitet rüstig fort?

MILLIARDÄRSOHN. Hast du Beobachtungen in dieser Be-
ziehung gemacht?

OFFIZIER. Das ist ja natürlich, daß ihr fieberhaft tätig
seid.

MILLIARDÄRSOHN *schüttelt den Kopf.* Meine Zeit –

OFFIZIER. Du bist beschäftigt. Die Arbeit wächst dir über den Kopf. *Nach dem Tisch zeigend.* Du hast Sitzung. Ich komme dir so ungelegen wie möglich. *Fast schroff.* Aber ich muß dich um die Unterredung in dieser Stunde bitten!

MILLIARDÄRSOHN. Mir ist alles gleich wichtig.

OFFIZIER. Ich danke dir für deine Bereitwilligkeit, mich anzuhören. Es handelt sich darum – – mich zu retten!

MILLIARDÄRSOHN. Wovor?

OFFIZIER. Vor dem Abschied – mit Schande!

MILLIARDÄRSOHN. Wie?

OFFIZIER. Ich habe Schulden im Spiel kontrahiert – und muß bis morgen mittag erledigen!

MILLIARDÄRSOHN. Kannst du das nicht?

OFFIZIER. Nein!

MILLIARDÄRSOHN. Wenn es notwendig ist, nimm euer Vermögen in Anspruch.

OFFIZIER. Das – existiert nicht mehr!

MILLIARDÄRSOHN. Das ist aufgebraucht?

OFFIZIER *erregt.* Ich spielte und verlor. Die Verluste suchte ich zu decken und spekulierte. Die Spekulationen schlugen fehl und rissen mehr nach. Ich steigerte den Spieleinsatz, um alles zu gewinnen, über meine Mittel – und stehe vor der Pistole, wenn ich nicht bezahle!

MILLIARDÄRSOHN *nach einer Pause.* Zu mir führt dein letzter Weg?

OFFIZIER. Wie schwer er mir wird zu dem, der mir Vertrauen schenkte und das ich täuschte! – Aber die Verzweiflung jagt mich her. Deine Vorwürfe habe ich verdient – jeder Tadel von dir brennt mich gerecht. Ich wage vor dir kein Wort der Entschuldigung!

MILLIARDÄRSOHN. Ich mache sie dir nicht – Vorwürfe.

OFFIZIER *greift nach seiner Hand.* Du beschämst mich
heißer mit deiner verzeihenden Güte. Ich kann dir
nur geloben, daß ich – aus dieser Gefahr unversehrt
hervorgegangen –

MILLIARDÄRSOHN. Den Schwur will ich nicht –

OFFIZIER. Dir verpflichte ich mich!

MILLIARDÄRSOHN. – weil ich dir ja keinen Gegendienst
erweise!

OFFIZIER *starrt ihn an.* Willst du mir – –

MILLIARDÄRSOHN. Wollte ich dir helfen – ich kann es
nicht. Ich habe es dir damals gesagt, du heiratest die
Tochter eines Arbeiters. Der bin ich. Ich habe dir
nichts beschönigt. Du hast volle Aufklärung erhalten.

OFFIZIER. Überall stehen dir Mittel zur Verfügung!

MILLIARDÄRSOHN. Nein.

OFFIZIER. Ein Wort – und dir gehorchen Banken!

MILLIARDÄRSOHN. Heute nicht mehr.

OFFIZIER. Das Werk, das in Wochen wieder arbeitet –

MILLIARDÄRSOHN. Das stillsteht!

OFFIZIER. Still – –??

MILLIARDÄRSOHN. Ja, ich bin zu andern Entschlüssen gekommen. Willst du mir helfen? Ich brauche Hilfe an
allen Enden. Der Turm des Irrtums wankt nicht von
einer Kraft gestoßen – hier müssen tausend Hände
rütteln!

OFFIZIER *verwirrt.* Du willst mir nicht – –

MILLIARDÄRSOHN. Ich selbst bin bedürftig. Dich führt
ein guter Zufall her. Ein Schuldiger bist du – wie ich
schuldig bin. Und unschuldig sind wir beide. Jetzt tut
sich uns der Mund auf – und heraus strömt die Anklage gegen uns alle.

OFFIZIER *die Hände an den Kopf geklammert.* Ich – kann – nicht – denken – –!

MILLIARDÄRSOHN. Streife dein prächtiges Kleid vom Leibe und lege die Waffe dabei. Bester Mensch bist du – meine Tochter wurde ja deine Frau! – makellos ist der Kern. Woher die Verdunklung? Was trübt und verdeckt es? Woher die Lockung zum Aufwand?

OFFIZIER. Ich soll – – den Offizier – –??

MILLIARDÄRSOHN. Bekenne deine Schuld – und beweise deine Schuldlosigkeit. Reiße die Blicke nach dir – und mache deine Stimme dröhnend: unerfüllt blieb ich, wie ich verkleidet bin fürs Leben in diesen Rock – furchtbare Verleitung von springenden Kräften in mir in einen Kanal – ungetaner Taten voll, weil eine Tat noch droht, die Vernichtung vollzieht – einer Leistung nur zugewiesen stößt diese begierig hinaus und geilt ins Verderben!

OFFIZIER *mit unterdrücktem Schrei.* Kannst – du mir helfen?

MILLIARDÄRSOHN. Ja.

OFFIZIER. So gib mir – –!

MILLIARDÄRSOHN. Was du mir gibst, könnte ich nicht bezahlen!

OFFIZIER. Meine Frist verstreicht –!

MILLIARDÄRSOHN. Sie dauert unendlich!

OFFIZIER. Geld!

MILLIARDÄRSOHN. Soll ich dich mit Geld betrügen – um dich selbst?

OFFIZIER *in höchster Verwirrung.* Ich muß den Dienst quittieren – ich werde im Regiment gestrichen – ich – –

MILLIARDÄRSOHN *führt ihn um die Schulter zur Tür.* Ja,

es wird Aufsehen machen, wenn ich dich instich lasse. Meinen Schwiegersohn – und konnte doch mit beiden Händen in den Überfluß greifen. Aber ich tat es nicht. Das wird sie aufmerksam machen – sie werden bessere Zuhörer sein. Die brauche ich – und du bringst sie mir. Das wird dein Verdienst, das dich belobt ohne meine Anerkennung. Die nimmt dann alles als selbstverständlich!

Offizier ab.

MILLIARDÄRSOHN *tritt an den Tisch – streicht über das grüne Tuch – nickt – links hinten ab.*

Von links der erste schwarze Herr: über dem enggeknöpften schwarzen Rock wuchtiger Kopf, zu kurzen Borsten gestutztes Grauhaar.
Der zweite schwarze Herr tritt ein – im Anzug dem ersten schwarzen Herrn gleichend, wie alle noch Kommenden so übereinstimmen – schädelnackt.

ZWEITER SCHWARZER HERR. Wie steht es bei Ihnen?
ERSTER SCHWARZER HERR. Keine Hand wird gerührt.
ZWEITER SCHWARZER HERR. Bei mir auch nicht.

Der dritte schwarze Herr kommt – gelber spitzer Kinnbart.

DRITTER SCHWARZER HERR *zum ersten.* Wie steht es bei Ihnen?
ERSTER SCHWARZER HERR. Keine Hand wird gerührt.
DRITTER SCHWARZER HERR *zum zweiten.* Bei Ihnen?

ZWEITER SCHWARZER HERR *schüttelt den Kopf.*

DRITTER SCHWARZER HERR. Bei mir auch nicht.

*Der vierte und fünfte schwarze Herr kommen – Brüder,
sehr ähnlich, dreißigjährig.*

VIERTER SCHWARZER HERR *zum ersten.* Wie steht es bei
Ihnen?

FÜNFTER SCHWARZER HERR *zum zweiten.* Wie steht es bei
Ihnen?

DRITTER SCHWARZER HERR *zu den beiden.* Wie bei Ihnen?

VIERTER UND FÜNFTER SCHWARZER HERR. Keine Hand
wird gerührt!

ERSTER SCHWARZER HERR. Bei uns auch nicht!

ZWEITER SCHWARZER HERR. Das ist die kolossalste Ar-
beitsniederlegung, die ich erlebt habe.

FÜNFTER SCHWARZER HERR. Und die Ursache dazu?

DRITTER SCHWARZER HERR. Unsere Arbeiter streiken in
Sympathie mit denen hier.

FÜNFTER SCHWARZER HERR. Warum streiken die?

ZWEITER SCHWARZER HERR. Weil der Ingenieur nicht
entlassen ist.

FÜNFTER SCHWARZER HERR. Warum wird er gehalten?

ZWEITER SCHWARZER HERR. Warum?

VIERTER SCHWARZER HERR. Weil es eine Marotte ist!

DRITTER SCHWARZER HERR. Das ist richtig!

ERSTER SCHWARZER HERR. Es kann noch einen anderen
Grund haben. Der wird von prinzipieller Bedeutung.
Der Abschied des Ingenieurs wird gefordert – das
konstruiert die Schwierigkeit. Stellen die Arbeiter
einem von uns Forderungen – so muß er unbeding-
ten Widerstand leisten. Das ist hier geschehen – und

in Konsequenz bleibt der Ingenieur auf seinem Posten!

DRITTER SCHWARZER HERR. Sie vergessen dabei, daß er nicht einer von uns ist.

VIERTER SCHWARZER HERR. Eine Marotte ist es, wie die andere!

ZWEITER SCHWARZER HERR. Genau so gefährlich, wie die andere. Sie werden sehen!

ZWEITER SCHWARZER HERR. Wenn sie nur nicht gefährlicher wird!

DRITTER SCHWARZER HERR. Ich denke, schlimmer kann es nicht werden!

ZWEITER SCHWARZER HERR. Die eine macht uns genug zu schaffen!

VIERTER SCHWARZER HERR. Die ganze Arbeiterschaft schielt nach diesem Betriebe!

FÜNFTER SCHWARZER HERR. Diese Gewinnverteilung an jeden und jeden ist die ewige Beunruhigung aller anderen Werke!

ZWEITER SCHWARZER HERR. Der Pestherd, den man ausräumen wollte!

DRITTER SCHWARZER HERR. Mit Pech und Schwefel!

ERSTER SCHWARZER HERR. Übersehen Sie aber nicht das Ergebnis, das auf dem Boden dieser Einrichtung gezeitigt wurde. Aus der Gewinnbeteiligung höchste Spannung der Leistung – aus höchster Leistung stärkstes Produkt: Gas!

ZWEITER SCHWARZER HERR. Ja – Gas.

DRITTER SCHWARZER HERR. Gas!

FÜNFTER SCHWARZER HERR. Jedenfalls brauchen wir Gas.

VIERTER SCHWARZER HERR. Unter allen Umständen.

DRITTER SCHWARZER HERR. Wir erheben unsere Forderung: Entlassung des Ingenieurs!

ZWEITER SCHWARZER HERR. Ganz unabhängig von den Arbeitern!

FÜNFTER SCHWARZER HERR. Ganz unabhängig von den Arbeitern!

VIERTER SCHWARZER HERR. Das rettet unsere Position!

DRITTER SCHWARZER HERR. Haben Sie die Tagesordnung?

VIERTER SCHWARZER HERR *am Tisch.* Hier ist nichts aufgelegt!

ERSTER SCHWARZER HERR. Es gibt nur diesen Punkt! Sind wir einig?

Die andern schwarzen Herren schlagen in seine Hand. Milliardärsohn von links hinten. Er weist auf die Stühle, auf die sich die schwarzen Herren rasch niederlassen. Milliardärsohn setzt sich als letzter zwischen den vierten und fünften schwarzen Herrn.

FÜNFTER SCHWARZER HERR. Wer schreibt das Protokoll?

MILLIARDÄRSOHN. Nein – nein, nichts schreiben!

DRITTER SCHWARZER HERR. Eine Sitzung ohne –

MILLIARDÄRSOHN. Ja ja, wir sagen uns alles!

ERSTER SCHWARZER HERR. Bei der Wichtigkeit des Gegenstandes halte ich für dringend geboten – um für alle Fälle die Unabhängigkeit von einer ähnlichen Forderung der Arbeiter –

ZWEITER SCHWARZER HERR. Ich beantrage die Veröffentlichung des Sitzungsprotokolls!

DRITTER SCHWARZER HERR. Wir stimmen ab!

ERSTER SCHWARZER HERR. Wer für – *Die schwarzen Herren werfen mit starker Geste einen Arm hoch.*

MILLIARDÄRSOHN *drückt die des vierten und fünften schwarzen Herrn neben sich herunter.* Nicht alle gegen einen – das macht mich zu mächtig. Ich würde euch bedrängen – und will nur überreden.

ERSTER SCHWARZER HERR. Wenn unsere Verhandlungen –

MILLIARDÄRSOHN. Wollt ihr mit mir verhandeln? Seid ihr die Arbeiter? Seid ihr nicht die Herren?

DRITTER SCHWARZER HERR. Sie haben uns eingeladen ohne Tagesordnung. Wir schließen daraus, daß Sie uns die Aufstellung überlassen. Das ist eine berechtigte Annahme. Wir haben uns auf einen einzigen Punkt geeinigt.

ZWEITER SCHWARZER HERR. Ich denke, die Aussprache wird kurz sein, und wir kehren in unsere Betriebe zurück.

VIERTER SCHWARZER HERR. Es ist höchste Zeit, daß wir bei uns wieder anfangen können.

FÜNFTER SCHWARZER HERR. Die erste Nachtschicht muß heute abend eintreten.

DRITTER SCHWARZER HERR. Es sind bereits Verluste nicht wieder gutzumachen.

MILLIARDÄRSOHN. Verluste bei euch? Wo habt ihr eingebüßt?

DIE SCHWARZEN HERREN *durcheinander.* Die Arbeit ruht – der Betrieb stockt vollständig – die Arbeiter sind im Ausstand!

MILLIARDÄRSOHN *eine Hand aufhebend.* Ich weiß: sie halten Totenfeier. Ist der Anlaß nicht würdig? Sind es nicht Tausende, die verbrannten?

ERSTER SCHWARZER HERR. Der Ausstand hat einen ganz anderen Grund.

MILLIARDÄRSOHN. Nein, nein! Ihr müßt nicht nach ihren Reden hinhören. Die sind ja so unsinnig. Wenn ich euch verrate, daß sie die Entlassung des Ingenieurs verlangen! – Bezeichnet das nicht ihre Verwirrung? Nein, sie wissen draußen nicht, was sie tun.

DIE SCHWARZEN HERREN *sehen ihn verdutzt an.*

MILLIARDÄRSOHN. Trifft den Ingenieur Schuld, die er mit seinem Weggang sühnt? War seine Formel schlecht? Sie bestand vor der Prüfung – und besteht weiter. Mit welchem Tadel schicke ich ihn fort?

ZWEITER SCHWARZER HERR *kopfnickt.* Die Formel ist geprüft –

DRITTER SCHWARZER HERR *ebenso.* Ihre Gültigkeit ist erwiesen –

VIERTER SCHWARZER HERR *ebenso.* Es ist die Formel –

FÜNFTER SCHWARZER HERR *ebenso.* Für Gas!

MILLIARDÄRSOHN. Seht ihr das ein?

ERSTER SCHWARZER HERR. Darum kann sie jeder Ingenieur anwenden!

ZWEITER SCHWARZER HERR. Dieser oder jener!

VIERTER SCHWARZER HERR. Da ist der Ingenieur ganz nebensächlich!

FÜNFTER SCHWARZER HERR. Ein neuer Ingenieur – und dieselbe Formel!

DRITTER SCHWARZER HERR. Damit ist der Streik beendigt!

ERSTER SCHWARZER HERR. Mit dieser Forderung sind wir um den Tisch: Entlassung des Ingenieurs!

MILLIARDÄRSOHN *starrend.* – – – – Habt ihr vergessen – – seid ihr ertaubt – – rollt das Krachen nicht mehr in euren Ohren – – wankt ihr nicht mehr auf den Stühlen – – seid ihr gelähmt??

ZWEITER SCHWARZER HERR. Die Katastrophe ist ein
schwarzes Blatt –

VIERTER SCHWARZER HERR. Wir buchen sie –

FÜNFTER SCHWARZER HERR. – und überschlagen die
Seite!

MILLIARDÄRSOHN. – – Dieselbe Formel – –??

ERSTER SCHWARZER HERR. Wir hoffen –

ZWEITER SCHWARZER HERR. Natürlich!

MILLIARDÄRSOHN. – – Dieselbe Formel – –??

DRITTER SCHWARZER HERR. Vielleicht verlängern sich die
Epochen zwischen –

VIERTER SCHWARZER HERR. Man muß Erfahrungen sam-
meln!

MILLIARDÄRSOHN. Zweimal – – dreimal – –??

FÜNFTER SCHWARZER HERR. Der Turnus ist ja dann bekannt!

ZWEITER SCHWARZER HERR. Wir erleben es jedenfalls
nicht mehr!

MILLIARDÄRSOHN. – – Ich soll sie hereinlassen – – aus-
liefern –?

ERSTER SCHWARZER HERR. Schließlich kann doch die
Technik der Welt nicht stillstehen!

DRITTER SCHWARZER HERR. Die vollständig abhängig ist
von Gas!

MILLIARDÄRSOHN. Ist sie das? – Bin ich der Antrieb, der
das bewegt? – Meine Macht ist das?

DIE SCHWARZEN HERREN *sehen verwundert hin.*

MILLIARDÄRSOHN. Meine Stimme ist mächtig – über
Entsetzen und Lust? Vor meinen Spruch stellt sich
die Wahl um Tod und Sein? – Meines Mundes Ja oder
Nein entscheidet auf Leben und Vernichtung? – – –
Die Hände aufhebend. Ich sage: – – nein! – – nein!

– – nein! Ein Mensch entscheidet – – ein Mensch kann nur entscheiden: – – nein! – nein! – nein!

Die schwarzen Herren blicken sich an.

VIERTER SCHWARZER HERR. Das –
FÜNFTER SCHWARZER HERR. – ist –
DRITTER SCHWARZER HERR. – doch –
ZWEITER SCHWARZER HERR. Was – ist – denn??
MILLIARDÄRSOHN. – – Die Trümmer liegen – – und über Trümmer neuer Boden – – Schicht auf Schicht – – Wachstum der Erde in neue Rinde – ewiges Gesetz in Werdung.
ERSTER SCHWARZER HERR. Was ist denn?
MILLIARDÄRSOHN. Niemals fauchen hier wieder Kamine! Niemals poltern Maschinen! Niemals zischt in den heulenden Schrei der Getroffenen unabwendbare Explosion.
ZWEITER SCHWARZER HERR. Das Werk –
DRITTER SCHWARZER HERR. Der Aufbau –
ERSTER SCHWARZER HERR. Gas??
MILLIARDÄRSOHN. Kein Aufbau – kein Werk – kein Gas! Ich übernehme die Verantwortung nicht – keiner kann sie auf sich nehmen!
ERSTER SCHWARZER HERR. – – Wir sollen – –
DRITTER SCHWARZER HERR. – – auf Gas – –
FÜNFTER SCHWARZER HERR. – – verzichten – –??
MILLIARDÄRSOHN. Auf – Menschenopfer!
ZWEITER SCHWARZER HERR. Wir sind eingerichtet –
DIE ANDEREN SCHWARZEN HERREN. – auf Gas!!
MILLIARDÄRSOHN. Erfindet ein besseres – oder helft euch mit geringerem!

ERSTER SCHWARZER HERR. Das ist ungeheuer. Dieser Zu-
mutung setzen wir den schärfsten Widerstand entgegen. Sie bedeutet eine Umwandlung unserer Betriebe –!

VIERTER SCHWARZER HERR. Die Kosten sind Ruin!

DRITTER SCHWARZER HERR. Es dreht sich hier nicht um
die Kosten, ob sie diesen oder jenen von uns erschüt-
tern. Ich frage: soll die Produktion der Welt vermin-
dert werden?

FÜNFTER SCHWARZER HERR. Darum müssen Sie Gas herstellen. Es ist Ihre Pflicht. Hätten wir Ihr Gas nicht
gehabt –!

ZWEITER SCHWARZER HERR. Sie haben die höchste Ent-
wicklung der Technik herbeigeführt. Jetzt müssen
Sie Gas liefern!

ERSTER SCHWARZER HERR. Mit Ihrer furchtbaren Methode, die Ihre Arbeiter am Gewinn beteiligt, haben Sie
das gewaltigste Ergebnis erzielt – Gas. Darum haben
wir diese Methode geduldet – jetzt verlangen wir Gas!

MILLIARDÄRSOHN. Furchtbar ist sie, das habe ich gelernt.
Aber ich bin nur schneller den Weg vor euch gelau-
fen, den ihr alle einmal gehen müßt: aller Lohn in alle
Hände!

FÜNFTER SCHWARZER HERR. Diese Formel hätte nicht er-
funden werden dürfen – wenn die Lieferung von Gas
einmal eingestellt werden sollte!

MILLIARDÄRSOHN. Die Erfindung mußte gemacht werden: die Raserei der Arbeit war entfesselt. Sie wütete
blindlings und stieß nach Grenzen vor!

ERSTER SCHWARZER HERR. Eine Mäßigung des Tempos,
an das wir uns gewöhnt haben, wäre nicht durchzu-
setzen!

MILLIARDÄRSOHN. Nein – nicht Rückkehr zu einem schwächeren Grad der Bewegung, das rate ich nicht. Weiter müssen wir – hinter uns nur Vollendungen, sonst sind wir nicht würdig. Keine Feigheit darf uns anhaften. Wir sind Menschen – Wesen von äußerstem Mut. Haben wir ihn nicht wieder bewiesen? Sind wir nicht tapfer zur letzten Möglichkeit vorgedrungen – und erst als wir Tote zu Tausenden liegen ließen, brachen wir auf ins neue Gefild! – Haben wir nicht wieder Teile unserer Kraft geprüft – bis zur Verletzung gespannt, um ihre Wirkung zu wissen – ob sie das Ganze bindet: den Menschen? – Pilgern wir nicht zu ihm die lange Straße – durch Epoche in Epoche – deren eine sich heute schließt, um die nächste zu öffnen, die die letzte ist?

ZWEITER SCHWARZER HERR. – – – – Wollen Sie denn die gesamte Produktion abstellen?

MILLIARDÄRSOHN. Das Maß ist der Mensch, der ihn erhält!

DRITTER SCHWARZER HERR. Wir haben andere Bedürfnisse!

MILLIARDÄRSOHN. So lange wir ihn anders ermatten!

VIERTER SCHWARZER HERR. Wollen Sie uns beschwatzen?

FÜNFTER SCHWARZER HERR. Mit Broschüren?

MILLIARDÄRSOHN. Das Beispiel gebe ich auf meinem Grund und Boden: an grünen Alleen kleine Gebiete für uns!

ERSTER SCHWARZER HERR. – – – Sie teilen das wertvollste Terrain der Erde für diesen Zweck auf?

MILLIARDÄRSOHN. Für diesen Zweck –: der der Mensch ist!

DRITTER SCHWARZER HERR. Sie müßten über Mittel verfügen – denn schließlich rechnet die Welt noch mit Geld!

MILLIARDÄRSOHN. Der frühere Gewinn reicht allen die Zeit, die wir bis zur Wirkung brauchen, die sich verbreitet!

VIERTER SCHWARZER HERR. Sie würden zu lange auf Nachahmung warten!

MILLIARDÄRSOHN. Wenn euch das Gas fehlt?

Die schwarzen Herren sind still.

MILLIARDÄRSOHN. Ich könnte euch zwingen – ihr seht es! – ich will es nicht. Es würde euch verstimmen – und ich brauche eure Hilfe. Sechs sitzen wir um den Tisch – sechs stehen auf und treten hinaus: da schwillt die Rede von sechs zum Dröhnen, die vernehmlich wird. Ins taubste Ohr dringt der Druck der Verkündigung, die sechsfach gesprochen ist. Ihr seid die Großen der Erde – die schwarzen Herren der Arbeit – steht auf und kommt: wir sagen das Ende der Zeit, die erfüllt ist – und sagen es wieder und wieder denen, die nicht verstehen können, weil sie im Blut noch den Wirbel tragen, der sie bis gestern schüttelte. Steht auf und geht!!

ERSTER SCHWARZER HERR *nach einer Pause mit Blicken um den Tisch, die ihm begegnen.* Sind wir einig? *Die schwarzen Herren werfen die Arme hoch.* Wir stellen eine Frist – bis Abend: ist uns die Entlassung des Ingenieurs bis dahin nicht mitgeteilt – wenden wir uns an die Regierung! – Wir gehen! *Die schwarzen Herren ab.*

MILLIARDÄRSOHN *sitzt am Tisch – streicht langsam über
die grüne Decke – und murmelt.* Nein – – nein – –
nein – – nein – – nein – –

Offizier – in äußerster Erregung – von links.

OFFIZIER *löst den Säbel und will ihn auf den Tisch legen.
Doch reißt er ihn an sich und gürtet ihn sich wieder.*
Das – – kann – – ich – – nicht!! *Er stellt sich hinten
an die Wand und schießt sich in die Brust.*

MILLIARDÄRSOHN *sieht hin – erhebt sich.* Die andern
sollen – die Welt einrenken!

VIERTER AKT

Betonhalle; rund, dunsthoch. Von der Kuppel stäuben-
des Bogenlampenlicht.
In der Mitte schmale steile eiserne Tribüne.
Arbeiter in Versammlung; viel Frauen.
Stille.

STIMMEN *mit schneller Verstärkung.* Wer?!

Ein Mädchen auf die Tribüne.

MÄDCHEN *Arme über sich.* Ich!

Stille.

MÄDCHEN. Von meinem Bruder sage ich das! – Ich
wußte nicht, daß ich einen Bruder hatte. Ein Mensch
ging morgens aus dem Hause und kam abends – und
schlief. Oder er ging abends weg und war morgens
zurück – und schlief! – Eine Hand war groß – die andere klein. Die große Hand schlief nicht. Die stieß in
einer Bewegung hin und her – Tag und Nacht. Die
fraß an ihm und wuchs aus seiner ganzen Kraft. Diese
Hand war der Mensch! – Wo blieb mein Bruder? Der
früher neben mir spielte – und Sand mit seinen beiden Händen baute? – In Arbeit stürzte er. Die
brauchte er nur die eine Hand von ihm – die den Hebel drückte und hob – Minute um Minute auf und

nieder – auf die Sekunde gezählt! – Keinen Hub ließ
er aus – pünktlich schlug sein Hebel an, vor dem er
stand wie tot und bediente. Niemals machte er den
Fehler – niemals irrte er in der Zählung. Seine Hand
zählte aus seinem Kopf, der nur ihr noch gehorchte! –
Das blieb von meinem Bruder! – – Das blieb? An
einem Mittag schlug es ein. Aus allen Lücken und Lö-
chern schoß der Feuerstrom. Da fraß die Explosion
auch die Hand. Da hatte mein Bruder das Letzte gege-
ben! – – Ist es zu wenig? – Hatte mein Bruder ge-
feilscht um den Preis, als man die Hand von ihm für
den Hebel brauchte? Streifte er nicht willig den Bruder ab – und verschrumpfte in die zählende Hand? –
Zahlte er nicht zuletzt die Hand noch? – Ist die Be-
zahlung zu schlecht – – um den Ingenieur zu hei-
schen? – – Mein Bruder ist meine Stimme – –: arbeitet nicht – ehe der Ingenieur nicht vom Werk ist! –
Arbeitet nicht – meines Bruders Stimme ist es!!

MÄDCHEN *unten herandrängend.* Mein Bruder ist es.

Das Mädchen zu ihnen hinunter.
Stille.

STIMMEN *von neuem schwellend.* Wer?!

Mutter auf die Tribüne.

MUTTER. Ich!

Stille.

MUTTER. Einer Mutter Sohn zermalmte die Explosion!

Was ist das? Was erschlug das Feuer! Meinen Sohn?
– Den kannte ich nicht mehr – den begrub ich in einer
Frühe, als er zum erstenmal ins Werk wegging! –
Sind zwei Augen, die starr wurden vom Blick auf
Sichtglas, ein Sohn? – Wo war mein Kind – das ich
geboren mit einem Munde zu lachen – mit Gliedern
zu schwingen? Mein Kind – das Arme um mich
schlang hinten auf meinem Hals – und lustig küßte
mich? Mein Kind? – Ich bin Mutter und weiß, was
mit Wehen geboren in Leid verloren wird. Ich bin
Mutter – und ächze nicht. Mein Schrei ist bewahrt in
meinem Munde und stößt sich nicht aus. Ich bin
Mutter – ohne Aufstand und Anklage! – – Nicht ich –
hier ruft mein Kind. Mein Schoß entließ es mit der
Geburt – tot strömt es in mich zurück – von Mutter
zur Mutter! Mein Sohn ist wieder bei mir. Stürmt er
nicht in meinem Blut? Reißt er nicht an meiner
Zunge und schüttelt den Schrei frei: – Mutter! wo
warst du so lange? – Mutter – du warst nicht bei mir!
– Mutter – du ließt mich so bald allein – Mutter – du
zerschlugst nicht das Sichtglas – das war doch nicht
länger als ein Finger und dünn wie ein Fliegenflügel!
– – Warum zerdrückte er es nicht selbst mit einem
schwachen Griff? – Warum brachte er dies Opfer, das
seine Mutter ist? – Warum wurde sein Leib lahm –
um in die starrenden Augen alle Kraft zu versam-
meln? Warum stachen ihm die die Flammen aus?
Warum?! Warum?! Soll er alles leisten – und nichts
fordern? Ist es groß vor seinem Verlust? Hier: eine
Mutter – und drüben der Ingenieur!!

Frauen schieben sich unten dicht.

FRAUEN. Mein Sohn ist es!!

MUTTER. Mutter und Mutter und Mutter ihr – Söhne schreien in euch – erstickt es nicht: bleibt weg vom Werk – bleibt weg vom Werk – – da ist der Ingenieur!!

FRAUEN. Bleibt weg vom Werk!!

MUTTER *von der Tribüne hinab zwischen die Frauen.*

Stille.

STIMMEN *laut.* Wer?!

FRAU *auf die Tribüne.* Ich!

Stille.

FRAU. Ein Tag war Hochzeit. Klavier spielte nachmittags. Alle tanzten durch die Stuben. Ein ganzer Tag – mit Morgen – Mittag – und Nacht. Mein großer Mann war <u>einen</u> Tag bei mir. Ein Tag vom Morgen bis nachts. <u>Ein</u> Tag war sein Leben! – Ist es zuviel? Weil ein Tag Morgen – Mittag – und Abend hat? Und noch die Nacht? Ist das zu lang für ein Leben? – Herrlich lang ist es – vierundzwanzig Stunden – und Hochzeit! Hochzeit und vierundzwanzig Stunden – und Klavier – und Tanzen sind doch ein Leben. Was will ein Mann! Zwei Tage leben? Was ist das für eine Zeit! Das reicht in die Ewigkeit. Die Sonne würde müde, ihn zu bescheinen! Hochzeit ist <u>ein</u> Mal – und der Triebwagen rollt immer. Vorwärts – und rückwärts – rückwärts – vorwärts – der Mann rollt mit. Der Mann rollt mit – weil der Fuß an ihm ist. Bloß sein Fuß ist wichtig – der tritt den Schaltblock – auf

Stillstand und Antrieb – tritt und tritt und tritt schon
ohne Mann, der mitrollt. Wenn nur nicht der Fuß so
fest an dem Mann wäre! Der Mann könnte leben –
aber sein Fuß hält ihn auf dem Triebwagen, der vorwärts und rückwärts rollt – tagein tagaus mit dem
Manne am Fuß! – Kam nicht die Explosion? Warum
verbrannte mein Mann? Warum der ganze Mann?
Nicht allein der Fuß, der nur wichtig war von meinem Mann? Warum um einen Fuß mein Mann mit
Rumpf und Gliedmaßen? – Weil Fuß und Rumpf und
Glieder mein Mann sind – und sein Fuß nicht ohne
den Mann schaltet. Sein Fuß schaltet nicht abge-
trennt – er braucht meinen Mann! – – – – Ist das
Werk wie mein Mann – der einen Hochzeitstag lebte
– und sein lebelang gestorben war? – Wechselt man
nicht Stücke mit neuen Stücken – und das Werk läuft
wie vorher? Ist nicht jeder ein Stück, das getauscht
wird mit jedem – und das Werk treibt weiter? – –
Tretet nicht ein für den Mann am Hebel – – tretet
nicht ein für den Mann am Sichtglas – – tretet nicht
ein für meinen Mann auf dem Triebwagen – – – –:
der Ingenieur versperrt euch den Platz – – der Ingenieur versperrt euch den Platz!!

FRAUEN *um die Tribüne.* Nicht für meinen Mann!!

MÄDCHEN. Nicht für meinen Bruder!!

MÜTTER. Nicht für meinen Sohn!!

Frau von der Tribüne.
Arbeiter auf die Tribüne.

ARBEITER. Mädchen – ich bin der Bruder. Mit meinem
Schwur bin ich der Bruder. Mit meinem Schwur bin

ich verbrannt. Unterm Schutt liege ich, bis du mich
an den Hebel schickst – für deinen Bruder, der aufflog! – – Hier seine Hand – breit und steif für <u>einen</u>
Griff am schnappenden Hebel! – – Die Hand hatte
ihren Gewinn – er häufte sich in ihrer Mulde – sie
schaffte ihn eifrig nachhaus. Da zählte sie ihn nicht –
da lag er im Schube – da füllte er den Kasten! – Da
wurde er wertlos! – Was kauft sich seine Hand – an
der dein Bruder tot ist? – Was sind das für Wünsche,
die eine Hand hat? Eine einzige Hand – und der volle
Gewinn im Kasten? – – Die Hand ist bezahlt – dein
Bruder nicht! Verbrannt – ist er lebendig geworden –
– hier schreit er nach seinem Lohn –: gebt den Ingenieur her – gebt den Ingenieur her!!

ARBEITER *um die Tribüne*. Bruder bin ich!!

Arbeiter zu ihnen hinunter.

ARBEITER *schon oben*. Mutter – ich bin dein Sohn! – Um
seine Augen – stier vorm Sichtglas – wuchs er wieder.
Dein Sohn ist wieder Puls und Stimme! – Mutter –
ich gab mich hin für ein Sichtglas von Fingerlänge! –
Mutter – ich lieferte mich aus für meine Augen auf
Sichtglas! – Mutter – ich starb an ganzem Leibe – und
kroch nur in meine zwei Augen! – – Ich rollte dir
alles Geld über den Tisch – du fingst es nicht in der
Schürze – es schüttelte auf den Boden! – Mutter –
jetzt bückst du dich nicht mehr danach – sammle es
nicht – schichte es nicht zu Säulen – die tragen kein
Gebälk, unter denen dein Sohn wohnt: – seine Kapsel
ist das Sichtglas – eng und giftig! – – Lest die Tabellen und sucht nach dem Preis für eine Mutter! – Für

mein Blut und meiner Mutter Blut – das die Augen
tranken am Sichtglas! – – Rechnet die Quoten, die
den Gewinn verteilen – und zählt alle zusammen: bezahlen sie die Mutter und einer Mutter Sohn?!!Die
Augen am Sichtglas haben ihren Gewinn – der Mutter Sohn ging leer aus! – Kann er nicht den Himmel
und die Erde fordern für diese Schuld?? – – Will er sie
nicht mit dem kleinsten Entgelt sich begleichen lassen? – – Was ist das wert für sein Opfer: – – der Ingenieur?!! – – Nur der Ingenieur – und meine Augen
sehen an der Mutter vorbei und starren ins Sichtglas!
– – Nur der Ingenieur – – nur der Ingenieur!

ARBEITER *an der Tribüne unten.* Sohn bin ich!

Arbeiter von der Tribüne zwischen sie.

ARBEITER *auf die Tribüne.* Frau – deine Hochzeit kommt
noch einmal! Der Tag – mit Morgen und Mittag und
Abend gehört dir wieder! – Ein Tag ist es – und alle
Tage nachher sind keine Tage für dich! – Dein Mann
rollt wieder auf dem Triebwagen – vorwärts und
rückwärts – ein Mann am Fuß, der schaltet! – Lachst
du nicht – <u>ein</u> Tag ist euer Leben! – – Frau und Mann
mit einem ganzen Tag – ist nicht Zeit vergeudet, da
der Triebwagen saust? – Tastet der Fuß im Tanz nicht
schon nach dem Schaltblock? – Erstickt das Klavier
das Reiben der Räder im Geleise? – – Kein Tag ist
euch – du und dein Mann! – Kein Tag hat Morgen
und Mittag und Nacht – keine Stunde für Frau und
Mann! – Der Triebwagen fährt – und der Fuß hält
den Takt – und der Takt fängt den Mann! – Aus
einem Eimer soll ein Tropfen Fluß werden – aus tau-

send Tagen ein Tag Leben? – Täuscht euch nicht –
kein Leben ist in einem Tag! – Täuscht euch nicht im
Gewinn: kein Gewinn gibt sich an einem Tag aus! –
Ihr habt den Gewinn – und kein Leben! – Was soll
euch der Gewinn, den der Fuß schafft – – der den
Mann arm zu leben macht? – – Ihr habt die Zeit verloren – – und in der Zeit das Leben – alles habt ihr
verloren – – Zeit und Leben – – und speit auf den Gewinn, der nichts taugt – vor diesem Verlust! – Schreit
euren Verlust – – und füllt eure Münder mit Zorn
und Zank – – schreit: Zeit und Leben verloren – –
schreit!! – – Schreit!! – Schreit euren Anspruch – –
schreit euren Willen – – schreit, daß ihr wollt – –
schreit, daß ihr Stimme habt – – schreit, daß ihr
schreien könnt: – – – – der Ingenieur!!

ARBEITER *in aller Halle.* Wir schreien!!!!

Arbeiter von der Tribüne.

ARBEITER *oben.* Mädchen und Mädchen – wir versprechen es euch! – Frauen und Frauen – wir versprechen
es euch! – Mütter und Mütter – wir versprechen es
euch –: keiner von uns schürft im Schutt – keiner von
uns baut einen Ziegel – keiner von uns nietet im
Stahl! – – Unerschütterlich bleibt unser Beschluß:
niederliegt das Werk – ohne neuen Ingenieur!! – –
Füllt diese Halle an jedem Tag – Brüder und Brüder –
Söhne und Söhne – Männer und Männer – jeder mit
jedem entschlossen – und in der Versammlung un-
beugsam ein Willen – aufwärts die Arme – los vom
Mund das Gelöbnis – – kein Gas – – mit diesem Ingenieur!!

ALLE MÄNNER und ALLE FRAUEN. Kein Gas!! – – Mit diesem Ingenieur!!

Arbeiter von der Tribüne.

FREMDER ARBEITER. Mit euch stimmt unser Beschluß – ich komme zu euch von unserm Werk – das ruht! – Wir warten an eurer Seite – bis ihr uns das Signal wieder gebt zu arbeiten. Zählt auf uns – und fordert!

ALLE MÄNNER und ALLE FRAUEN. Der Ingenieur!!!!

Fremder Arbeiter von der Tribüne.
Anderer fremder Arbeiter oben.

FREMDER ARBEITER. Ich bin euch fremd. Ihr kennt mich nicht. Ich komme von entlegenem Werk. Ich bringe die Botschaft von uns: wir sind von der Arbeit in unserm Werk weg, weil ihr feiert. Wir sind im Bunde mit euch bis zum letzten. Dauert aus – bleibt fest –: ihr müßt fordern – ihr fordert für alle – ihr tragt die Verantwortung für alle!!

ALLE MÄNNER und ALLE FRAUEN. Der Ingenieur!!!!

Fremder Arbeiter herunter.

ARBEITER *oben*. Die Halle birst nicht von unserm Schrei!! Er donnert in der Kuppel und kracht vom Beton – er tost nicht hinaus!! – – Heraus aus der Halle – – hin vor das Haus – – der Schrei zu ihm hoch – – ins Gehör ihm, der den Ingenieur hält!! – – Rottet den Zug – über die Schutthalde – – hin zu ihm – – er hört uns hier nicht – – er hört uns hier nicht!!

ALLE MÄNNER und ALLE FRAUEN. Hin vor das Haus!!!!
    – – – – er hört uns hier nicht!!!!

*Wühlende Bewegung nach Ausgängen – Tumult in
Brausen.*

MILLIARDÄRSOHN *Stimme.* Ich höre euch hier.

Totenstille.

MILLIARDÄRSOHN *Stimme.* Ich bin in der Halle! – – – –
    Ich habe euch gehört!

Summendes Suchen nach ihm.

MILLIARDÄRSOHN *Stimme.* Ich will euch antworten – –
    hier in der Halle!

Bewegung in Wachsen.

MILLIARDÄRSOHN *Stimme.* Ihr sollt mich nun hören!

Schon Gasse vor ihm.

SCHREIBER *auf die Tribüne gejagt.* Laßt ihn nicht spre-
    chen!! – – Laßt ihn nicht herauf!! – – Steht dicht – –
    macht nicht Platz!! – – Rennt aus der Halle!! – –
    Rennt zum Werk!! – – Rennt – – und säubert den
    Schutt – – richtet die Gerüste – – baut das Werk!! – –
    Hört ihn nicht!! – – Hört ihn nicht!! – – Hört ihn
    nicht!! – – Rennt!! – – Rennt!! – – Rennt!! – – Ich
    renne voran!! – – an meinen Tisch!! – – ich

schreibe!! – – ich schreibe!! – – ich schreibe!! *Herunter.*

MILLIARDÄRSOHN *oben.* Ich bin von Anfang an in der Halle gewesen. Ihr konntet mich nicht unterscheiden, weil ich mit euch schrie. Dir, Mädchen, war ich Bruder wie einer – dir, Frau, war ich Mann wie einer – dir, Mutter, war ich Sohn wie einer. Kein andrer Schrei drang aus meinem Munde als eurer! – Jetzt seht ihr mich hier. Hier stehe ich jetzt über euch – weil sich in meinem Munde der letzte Aufruf formt, den ihr nicht löst! – Ihr fordert – und was ihr fordert, ist ein Korn vom Gebirge eurer Forderungen, die ihr stellen müßt. Ihr scheltet und zankt um das Geringste. Was ist der Ingenier? – Was ist euch der Ingenieur? Was ist er euch, die ihr aus dem Feuer und Einsturz kommt? Was euch, die ihr aus der Vernichtung übrig seid? Was ist der Ingenieur euch?! – Euer Schrei ist es – eines Schreies Wort, das nicht gilt – nur schallt! – – Ich weiß es: der Ingenieur reizt es in euch auf – sein Anblick wird das Entsetzen in euch erneuern, wo ihr ihn seht. Der Ingenieur und die Explosion sind eins – die Formel bannte das Gas nicht – die Formel hat dieser Ingenieur verwaltet – die die Explosion brachte. Ihr löscht die Explosion erst aus, wenn ihr den Ingenieur vertreibt. Darum schreit ihr zuerst nach dem Ingenieur! – – – – Wißt ihr es nicht, daß die Formel stimmt? Daß sie stimmte und stimmt bis an aller Rechnung Ende, die ein Ingenieur rechnet? – – Ihr wißt es – und doch schreit ihr nach dem Ingenieur!

STIMMEN *murrend.* Der Ingenieur!

MILLIARDÄRSOHN. Euer Schrei stürzt aus tieferen Grün-

den! – Eure Forderung heischt mehr und mehr! – Ich
stachle euch an – – fordert mehr – – fordert mehr!!

STIMMEN *still.*

MILLIARDÄRSOHN. Was ist die Explosion furchtbar? Was
zerriß oder verbrannte sie? Zischte sie nach einem
von euch – der nicht schon verstümmelt vor aller Explosion war? Mädchen – dein Bruder, war er heil? –
Mutter – dein Sohn, war er heil? – Frau – dein Mann,
war er heil? War einer heil im Werk, das aufflog?
Was richtete die Explosion für Verwüstungen an
euch noch an?! – – Erschlagen wart ihr vor dem Einsturz – verwundet vor dem Einschlag – –: mit einem
Fuß – mit einer Hand – mit heißen Augen im toten
Kopf wart ihr vorher Krüppel! – – Kann das der Ingenieur vergelten? – – Kann eine Forderung das vergü-
ten? – – Fordert mehr – – fordert mehr!

MÄDCHEN, MÜTTER, FRAUEN *schrill.* Mein Bruder –!
Mein Sohn –! Mein Mann!

MILLIARDÄRSOHN. Bruder und Brüder – Sohn und
Söhne – Mann und Männer: aufsteigt der Ruf, der
aus der Halle fährt – über den Schutt – über die Ver-
schüttung von Bruder und Brüdern – von Sohn und
Söhnen – von Mann und Männern – – und kreisend
in euch zurückweht: – fordert euch!! – – fordert
euch!!

Stille.

MILLIARDÄRSOHN. Fordert – – – – und ich will erfüllen!
– – Menschen seid ihr – im Bruder – ihm Sohn – im
Mann! Fließende Vielheit aus euch zu jedem um
euch. Keiner ist Teil – in Gemeinschaft vollkommen

der einzelne. Wie <u>ein</u> Leib ist das Ganze – und das ist <u>ein</u> Leib! – – Sammelt euch aus der Zerstreuung – und aus der Verletzung heilt euch: – – seid Menschen!!

Stille.

MILLIARDÄRSOHN. Fordert – – und ich will erfüllen! – Bruder – du bist Mensch. Deine Hand um den Hebel lähmt dich nicht mehr! – Sohn – du bist Mensch – deine Augen schweifen vom Sichtglas in Weite! – Mann – du bist Mensch – dein Tag ist Tag deiner Zeit, die du lebst!!

Stille.

MILLIARDÄRSOHN. Raum ist euer – und Allheit im Raum, der euch beherbergt! – Ihr seid Menschen darin! Menschen – mit jedem Wunder bekannt – entschlossen zu jeder Erschließung! – In euch braust der Himmel und flutet die Fläche mit Farbe der Gräser! – Werktag ist groß – mit neuen Erfindungen in euch – die keine sind! – Ihr seid vollendet – von diesem Anfang an! – Menschen – nach letzter Schicht – fertig mit dem Werk, zu dem ihr verpflichtet wart! – Ihr habt die Schicht gestellt bis zur äußersten Leistung – – Tote bedecken den Boden – – ihr seid bestätigt!!

Stille.

MILLIARDÄRSOHN. Was ihr fordert – erfülle ich: – –

Menschen in Einheit und Fülle seid ihr morgen! – –
Triften von Breite in Grüne sind neuer Bezirk! Über
Schutt und Trümmer, die liegen, erstreckt sich die
Siedlung. Ihr seid alle entlassen aus Fron und Ge-
winn! – Siedler mit kleinstem Anspruch – und letzter
Entlohnung: – Menschen!!

Stille.

MILLIARDÄRSOHN. Kommt aus der Halle – – betretet den
neuen Grund – – ermeßt die Gebiete! Klein ist die
Mühe – doch ins Maßlose drängt sich die Schöpfung!! – – Kommt aus der Halle!! *Er verläßt die Tribüne.*

Stille.
Der Ingenieur auf die Tribüne.

EINE STIMME *schrill.* Der Ingenieur!

INGENIEUR. Ich bin hier! – Hört das: ich füge mich eurem Willen – ich verschwinde! Ich nehme den Makel
an, der mir in die Stirn gebrannt wird – wenn ich
gehe. Ich sammle alle Flüche, die in meinem Rücken
losheulen – wenn mein Weggang das Geständnis
meiner ungeheuren Schuld wird: – ich will schuldig
sein! – – Ich gehe – – damit ihr ins Werk zurück-
kehrt! – Der Weg ist frei – – ins Werk!!
MILLIARDÄRSOHN *unten.* Kommt aus der Halle – – und
richtet die Siedlung ein!
INGENIEUR. Steht hier!! – – steht hier in der Halle!! –
Stimme bin ich hier groß für euch – die dröhnt hier!!

MILLIARDÄRSOHN. Kommt aus der Halle!

INGENIEUR. Steht in der Halle – – seid nicht Betrüger!!

Stimmen in Murren laut.

MILLIARDÄRSOHN. Schelten hallt hier noch – es verweht draußen!

INGENIEUR. Ihr betrügt meine Schändung, mit der ihr mich ätzt! Ich gehe – jetzt müßt ihr ins Werk!!

MILLIARDÄRSOHN. Stoßt die Türen auf – in die Tageshelle!

INGENIEUR. Ihr müßt ins Werk!! – Häuft nicht Betrug auf Betrug – – wenn ihr euch selbst betrügt!! – – Kennt euren Sieg – der euch rühmt: – Gas!! – – – – – Eure Leistung schafft die Wunder in Stahl. Kraft stößt in Maschinen, die ihr treibt – Gas!! – – Ihr bewegt die Eile der Bahnen, die euren Triumph über Brücken donnern, die ihr nietet! – Ihr schiebt Dampferkolosse ins Meer – das ihr zerschneidet in Linien, die euer Kompaß bestimmt! – Türme von zitternder Steile baut ihr in die pfeifende Luft, die die Drähte bedroht, in die der Funken spricht! – Ihr hebt Motore vom Boden, die oben heulen vor Wut der Vernichtung ihres Gewichts, das in Wolken hinfliegt! – – Ihr – so wehrlos im Wesen – in Schwäche preisgegeben dem Tier, das euch anfällt – verletzbar in jeder Pore der Haut – ihr seid Sieger im Weltreich!!

Tiefe Stille.

MILLIARDÄRSOHN *am Fuß der Tribüne nach dem Ingenieur zeigend.* Der schlägt das Bilderbuch noch ein-

mal vor euch auf – wie Kinder lest ihr darin – denn es
sind die Taten eurer Kindheit. Jetzt entwachst ihr ins
neue Alter!

INGENIEUR. Helden seid ihr – in Ruß und Schweiß! Helden seid ihr am Hebel – vorm Sichtglas - am Schaltblock! – Reglos harrt ihr aus im Treiben der Riemen
und mitten im Donner der polternden Kolben! – Und
noch das Schwerste stößt in euch kein langes Er-
schrecken: – die Explosion!!

MILLIARDÄRSOHN. Kommt aus der Halle!

INGENIEUR. Wohin wollt ihr jetzt? – Aus eurem Reich in
die Hürde? Trotten von früh bis spät im Quadrat eurer Siedlung? Pflanzen mit euren Händen, die Wuch-
ten türmten, kleines Kraut? Euer Eifer – der nur noch
ernährt – nicht schafft?!

MILLIARDÄRSOHN. Kommt aus der Halle!

INGENIEUR. Herrscher seid ihr hier – im Werk von all-
mächtiger Leistung – ihr schafft Gas! – Eure Herrschaft ist das – die ihr gründet in Schicht um Schicht
– in Tag und Nacht – voll fiebernder Arbeit! –
Tauscht ihr die Macht um den Halm, der sprießt, wie
er sprießt? – – Herrscher seid ihr hier – – da seid
ihr – – – –: Bauern!!

EINE STIMME *schreit*. Bauern!

ANDERE STIMMEN. Bauern!!

NEUE STIMMEN. Bauern!!!

ALLE MÄNNER und ALLE FRAUEN *Brandung von Schreien
und Fäuste auf*. Bauern!!!!

INGENIEUR *steht mit großer triumphierender Geste*.

MILLIARDÄRSOHN *auf Stufen der Tribüne*. Hört ihr auf
mich – – oder ihn?

ALLE MÄNNER und ALLE FRAUEN. Der Ingenieur!!!!

INGENIEUR. Die Explosion macht euch nicht feige. Wen beutelt die Furcht?!

MILLIARDÄRSOHN. Will ich euch denn Angst machen? – Stelle ich nicht den stärkeren Anspruch an euren Mut? – Verlange ich nicht von euch: – den Menschen? – Wie könnt ihr Bauern wieder sein – – nachdem ihr Arbeiter wart? – Wird nicht wieder ein Aufschwung von euch gefordert? – Der schon den Bauern überwand – der nun den Arbeiter überwindet – und den Menschen erzielt?! – Vorwärts schiebt euch die Aufgabe – nicht zurück! – Seid ihr nicht reif – nach dieser letzten Erfahrung? – Wohin könnt ihr noch – mit dem Werk eurer Hände und Schichten? – – Sind eure donnernden Bahnen und springenden Brücken und fliegenden Motoren Entgelt für euer Fieber! – Verlacht doch den billigen Lohn! – – Lockt euch der reiche Gewinn, den wir teilen? – Ihr vergeudet ihn wieder – wie ihr euch stärker verbraucht! – – Fieber ist es in euch – ein Taumel der Arbeit, die nichts trägt. Euch frißt sie – nicht ihr baut euer Haus! – Ihr seid nicht die Wärter – ihr sitzt im Kerker. Da sind Wände um euch – von euch errichtet. Kommt nun heraus!! – – Ihr seid Helden – die keinen Versuch unterschlagen! Bis ans Ende des Wegs dringt ihr kühn – kein Schrecken fällt in euren Schritt! – Der Weg ist zu Ende – ein Weg ist wieder zu Ende – lobt euren Mut mit neuem Mut: – – – – der Mensch ist da!!!!

INGENIEUR. Bauern seid ihr mit faulem Fleiß!!

MILLIARDÄRSOHN. Menschen in Allheit und Einheit!!

INGENIEUR. Kleine Bedürfnisse verspotten euren Anspruch!!

MILLIARDÄRSOHN. Eure Erwartung wird euch erfüllt!!

INGENIEUR. Trägheit erschlägt eure Tage!!

MILLIARDÄRSOHN. Zeitlos seid ihr beschäftigt!!

INGENIEUR. Keine Erfindung wird Gebild!!

MILLIARDÄRSOHN. In die einzige Form seid ihr entlassen – zu Menschen!!

INGENIEUR *Revolver hoch über sich.* Schreit die Vernichtung!!

MILLIARDÄRSOHN. Zieht aus der Vernichtung zur Vollendung – zu Menschen!!

INGENIEUR. Schreit meine Vernichtung wieder – und strömt ins Werk!! *Mündung an der Schläfe.*

Stille.

INGENIEUR. Wagt den Ruf!!

STIMME *ausbrechend.* Der Ingenieur soll uns führen!

STIMMEN und STIMMEN. Der Ingenieur soll uns führen!!!

ALLE FRAUEN und ALLE MÄNNER. Der Ingenieur soll uns führen!!!!

INGENIEUR. Kommt aus der Halle!! – – ins Werk!! – – von Explosion zu Explosion!! – – Gas!!

ALLE FRAUEN und ALLE MÄNNER. Gas!!!!

INGENIEUR *von der Tribüne.*

Beide Türen auf: Abstrom der Arbeiter.

MILLIARDÄRSOHN *auf die Tribüne taumelnd.* Erschlagt nicht den Menschen!! – – Macht keine Krüppel! – – Du Bruder bist mehr als eine Hand!! – – Du Sohn bist mehr als Augen!! – – Du Mann lebst mehr als <u>einen</u>

Tag!! – – Ewig und vollkommen seid ihr alle von Ursprung her – – verstümmelt euch nicht in die Zeit
und die Handreichung!! – – Seid größer begierig – –
nach euch – – – – – nach euch!!!!

Leere Halle.

MILLIARDÄRSOHN *stark.* Ich habe den Menschen gesehen – – ich muß ihn vor sich selbst schützen!

FÜNFTER AKT

Backsteinmauer – von der Explosion teilweise abgetragen und geschwärzt. Darin breites Eisentor – halb aus den Angeln geworfen. Schutthalde.
Draußen Soldat mit Bajonett auf dem Gewehr.
Milliardärsohn – im Schutz der Mauer stehend – Tuch um den Kopf.
Hauptmann wartet mitten.

MILLIARDÄRSOHN. Es ist ein gräßliches Mißverständnis. Ich muß sprechen können – und es aufklären.

HAUPTMANN. Man hat Sie mit Steinwürfen empfangen.

MILLIARDÄRSOHN. Sie tun es nicht zweimal, wenn sie sehen, daß sie mich verletzt haben.

HAUPTMANN. Dafür kann ich nicht bürgen.

MILLIARDÄRSOHN. – – Das reizt sie: die Soldaten vor sich. Aber ich will doch den Grund sagen!

HAUPTMANN. Sie haben den Schutz selbst nachgesucht.

MILLIARDÄRSOHN. Nicht für meine Person. Das Werk will ich versperren. Das ist mit drei, vier Worten deutlich gemacht.

HAUPTMANN. Man wird sie nicht zum ersten kommen lassen.

MILLIARDÄRSOHN. Sie dürfen mich doch nicht angreifen, wenn ich mich rechtfertigen will!

HAUPTMANN. Halten Sie sich dicht an der Mauer!

MILLIARDÄRSOHN. Wollen Sie mich hinausbegleiten?

HAUPTMANN. Nein.

MILLIARDÄRSOHN. Nicht?

HAUPTMANN. Man könnte auch mich treffen – und ich müßte feuern lassen.

MILLIARDÄRSOHN. Nein – nein – das nicht! – – Dann muß ich warten, bis sie zur Besinnung kommen!

Draußen wird der Soldat von einem andern Soldaten abgelöst. Lärm erhebt sich von tausend Stimmen.

MILLIARDÄRSOHN. Warum schreien sie jetzt?

HAUPTMANN. Der Posten wird abgelöst!

MILLIARDÄRSOHN. Die Verwirrung ist fürchterlich! – Können sie denn nicht verstehen, was ich bezwecke? Meine Brüder sind sie – ich bin nur ein wenig älter, reifer – und muß die Hand über sie halten!

Regierungsvertreter kommt von rechts.

REGIERUNGSVERTRETER *am Tor, hinausspähend.* Das sieht böse aus. *Zum Hauptmann.* Sind Sie jeder Möglichkeit gewachsen?

HAUPTMANN. Maschinengewehre.

Von neuem hat sich draußen der Tumult erhoben und tobt, bis der Regierungsvertreter vom Tor weggeht.

REGIERUNGSVERTRETER *zum Milliardärsohn – den Zylinder kurz lüftend – aus seiner Ledermappe Schriftstücke suchend.* Das Außerordentliche und Gefährliche der Vorgänge in Ihrem Werk hat die Regierung veranlaßt, sich mit Ihnen zu besprechen. Entnehmen Sie meinen Auftrag.

MILLIARDÄRSOHN *nimmt das Schriftstück – liest – sieht auf.* Vollmacht?

REGIERUNGSVERTRETER. In gewissem Falle. – Wollen wir hier verhandeln?

MILLIARDÄRSOHN. Ich verlasse diesen Platz nicht.

HAUPTMANN. Ich empfehle dringend, hinter der Mauer zu bleiben!

REGIERUNGSVERTRETER *steckt das Schriftstück ein – entnimmt ein anderes.* Die Vorgeschichte, die zu diesem Ausstand führte, ist wohl mit Richtigkeit festgehalten: nach der Katastrophe weigerten sich die Arbeiter, den Aufbau des Werkes zu beginnen, bevor nicht eine Forderung erfüllt wurde, die sie Ihnen stellten, die die Entlassung des Ingenieurs aussprach.

MILLIARDÄRSOHN. Das hätte ja neue Katastrophen nicht verhindert!

REGIERUNGSVERTRETER. Die Regierung kann nur Tatsachen berücksichtigen.

MILLIARDÄRSOHN. Aber die Explosion kehrt bestimmt wieder: es gibt nur diese Formel – oder kein Gas!

REGIERUNGSVERTRETER. Als Material lassen sich zukünftige Möglichkeiten nicht verwerten. – Die Forderung der Arbeiter wurde von Ihnen abgelehnt. In der Folge verharrten die Arbeiter im Streik, der sich über die benachbarten Werke ausbreitete und täglich weitere Komplexe ergreift!

MILLIARDÄRSOHN. Ja – ja!

REGIERUNGSVERTRETER. Inzwischen hat der Ingenieur seinen freiwilligen Rücktritt erklärt – in einer Versammlung der Arbeiter. Ein Stimmungsumschwung ließ dann die Arbeiter auf ihre Forderung verzichten, und nunmehr wurde das Verbleiben des Ingenieurs gewünscht.

MILLIARDÄRSOHN. Ja!

REGIERUNGSVERTRETER. Die Ursache des Ausstandes war damit beseitigt, und die Arbeiter wollten die Arbeit wieder aufnehmen.

MILLIARDÄRSOHN. Da dringen sie auf Einlaß.

REGIERUNGSVERTRETER. Jetzt traten Sie mit dem Verbot der Rückkehr auf. Sie stellen sich dabei auf den Standpunkt, daß Sie die Erzeugung von Gas nicht verantworten können.

MILLIARDÄRSOHN. Nicht den Untergang von Menschen!

REGIERUNGSVERTRETER.Die Regierung verkennt keineswegs die ungewöhnliche Schwere des Unglücks, das sich bedauerlicherweise ereignet hat.

MILLIARDÄRSOHN. Das ist gering!

REGIERUNGSVERTRETER. Die Zahl der Opfer hat die größte Teilnahme hervorgerufen. Die Regierung bereitet im Reichstage eine dahingehende Kundgebung vor. Die Regierung teilt die Auffassung, mit dieser Äußerung an prominenter Stelle Ihnen und der Arbeiterschaft genuggetan zu haben.

MILLIARDÄRSOHN. Ja. Mehr steht nicht in eurer Macht. Das andere wird meine Aufgabe!

REGIERUNGSVERTRETER. Von Ihren weiteren Absichten, die auf dauernde Stillegung des Werkes zielen, hat die Regierung mit schwersten Bedenken Kenntnis genommen.

MILLIARDÄRSOHN. Zweifeln Sie nicht an meiner Kraft, ich setze meine Pläne durch!

REGIERUNGSVERTRETER *mit einem neuen Schriftstück*. Es haben bereits Erwägungen stattgefunden, wie die Gefahr zu bannen sein wird.

MILLIARDÄRSOHN. Geben Sie mir Soldaten und sichern

Sie mich, damit ich draußen zu Worte kommen kann!

REGIERUNGSVERTRETER. Die Gefahr, die aus der Einstellung der Erzeugung von Gas droht, veranlaßt die Regierung, Ihnen vertrauliche Mitteilungen zu machen.

MILLIARDÄRSOHN *starrt ihn an.* Sie – verlangen – Gas?!

REGIERUNGSVERTRETER. Die gesamte Rüstungsindustrie ist auf Gas eingerichtet. Das Fehlen dieses Betriebsstoffes würde die Fabrikation des Waffenmaterials auf das empfindlichste schädigen. Wir stehen vor einem Kriege. Ohne die Rohenergie von Gas wird das Rüstungsprogramm undurchführbar. Aus diesem schwerwiegenden Grunde kann die Regierung eine längere Unterbrechung in der Lieferung von Gas an die Waffenwerke nicht dulden!

MILLIARDÄRSOHN. Bin – ich – hier – nicht – Herr – meines – Bodens?!

REGIERUNGSVERTRETER. Die Regierung hat den aufrichtigen Wunsch, sich mit Ihnen zu verständigen. Sie erklärt sich bereit, in jeder Weise den Aufbau zu unterstützen. Zu diesem Zweck treffen in dieser Stunde vierhundert Lastkraftwagen mit Werkzeug ein. Die Räumung des Schuttfeldes kann sofort in Angriff genommen werden!

MILLIARDÄRSOHN. – – Waffen – – gegen den Menschen?!!

REGIERUNGSVERTRETER. Ich bitte Sie meine Eröffnungen mit strengster Verschwiegenheit zu behandeln.

MILLIARDÄRSOHN. Ich – – schreie!! – – Ich suche Mitwisser an allen Ecken und Enden!!

REGIERUNGSVERTRETER. Ich begreife Ihre Erregung.

Doch sieht sich die Regierung vor die härteste Notwendigkeit gestellt!

MILLIARDÄRSOHN. Lästert nicht!! – – Der Mensch ist
notwendig!!– – Schlagt ihm nicht neue Wunden – –
– wir heilen die alten mit Mühe!! – – Laßt mich zu
ihnen hinaus – – ich muß alle – – – *Am Tor. Von Geheul empfangen.*

HAUPTMANN *reißt ihn zurück.* Sie entfesseln den Sturm!

MILLIARDÄRSOHN *taumelt an die Mauer zurück.* – – – –
Sind wir alle besessen?!

REGIERUNGSVERTRETER. Der Regierung wird es nun
wichtig zu wissen, ob Sie bei Ihrer Weigerung, die
Arbeiter einzulassen, beharren?

MILLIARDÄRSOHN. Jetzt sehe ich erst – – die Pflicht!!

REGIERUNGSVERTRETER. Ihre frühere Ablehnung wird
von Ihnen aufrecht erhalten?

MILLIARDÄRSOHN. So lange ich atmen und reden kann!!

REGIERUNGSVERTRETER. Dann muß ich von meiner Vollmacht Gebrauch machen. Die Regierung sieht sich
auf Grund der Gefährdung der Landesverteidigung
gezwungen, Sie von der eigenen Verfügung über Ihr
Werk vorläufig zu entheben und die Herstellung von
Gas unter Staatsregie zu betreiben. Der Wiederaufbau des Werks geschieht mit Vorschuß des Reichs
und wird sofort begonnen. Wir dürfen hoffen, daß
Sie keinen Versuch eines Widerstandes unterneh-
men. Wir würden bedauern, gegen Sie schärfere
Maßregeln anwenden zu müssen! – Herr Hauptmann, öffnen Sie das Tor – ich will den Arbeitern das
Erforderliche mitteilen! *Am Tor.*

Lärm bricht tosend los.

HAUPTMANN. Zurück!! – – Steine!!

REGIERUNGSVERTRETER *in den Schutz der Mauer tretend.* Das ist unerhört!

Der Tumult hält an.

REGIERUNGSVERTRETER. Die Leute verhindern einfach –

MILLIARDÄRSOHN. Ich fürchte mich nicht!! *Am Tor.*

Stärkste Erhebung draußen.

MILLIARDÄRSOHN *mit hochwinkenden Armen.*

Brandung des Schreiens sich nähernd.

HAUPTMANN *dem Regierungsvertreter zuschreiend.* Sie kommen!! *Durchs Tor – befiehlt nach links. Maschinengewehrabteilung kommt und postiert sich rasch. Hauptmann: den blanken Degen über sich – bereit, das Zeichen zu geben.*

Tiefe Stille.

REGIERUNGSVERTRETER *beim Milliardärsohn.* Verhüten Sie denn nicht Blutvergießen?!

MILLIARDÄRSOHN *steht gelähmt.*

REGIERUNGSVERTRETER. Hier –! *Er gibt ihm sein Taschentuch.* Das Zeichen wird verständlich sein. Schwenken Sie das weiße Tuch!

MILLIARDÄRSOHN *tut alles mechanisch.*

REGIERUNGSVERTRETER. Sehen Sie – das wirkt. Sie lassen die Steine fallen! *Zum Hauptmann.* Das Tor weit auf! *Soldaten öffnen das Tor.* Ziehen Sie den Kordon zurück! *Hauptmann und Maschinengewehrabteilung ab. Zu Milliardärsohn.* Ich werde draußen verkünden, wo die Wagen mit dem Werkzeug eintreffen. Ich führe die Leute hin! *Durchs Tor – ab.*

Bald hoher heller Lärm draußen – und sich schnell entfernend.
Stille.

MILLIARDÄRSOHN *läßt sich auf einem Schutthaufen nieder.*
TOCHTER – *in Schwarz – kommt.*

TOCHTER *geht zu ihm – umfaßt seine Schultern.*
MILLIARDÄRSOHN *sieht verwundert auf.*
TOCHTER. Erkennst du mich nicht?
MILLIARDÄRSOHN. Tochter – – in Schwarz?
TOCHTER. Mein Mann lebt nicht mehr.
MILLIARDÄRSOHN. Vorwürfe? – – Steinwürfe auch aus deinen Händen nach mir?
TOCHTER *schüttelt den Kopf.* – – Bist du hier allein?
MILLIARDÄRSOHN. Zuletzt allein wie jeder, der sich mit allen vermischen wollte!
TOCHTER *rührt an das Tuch um seine Stirn.* Haben sie dich getroffen?
MILLIARDÄRSOHN. Auch mich. Auch mich. Es gibt Pfeile, die zurückprallen und beide verwunden – Ziel und Schützen!
TOCHTER. – – Ist die Gefahr beseitigt?
MILLIARDÄRSOHN. Sind Menschen geboren? Von Menschen – Menschen, die nicht schreien und greulich

drohen? Überschlug sich die Zeit – und schickte den
Menschen ins Licht? Wie ist sein Anblick!

TOCHTER. Mir sage es!

MILLIARDÄRSOHN. Ich verlor sein Bild. Wie sah es aus?
Er nimmt ihre Hände. Das sind Hände – und an den
Wuchs verflochten – *Ihre Arme umfassend.* Das sind
Glieder – und dem Leib vereint – – Teile aus Einem
wirksam – – und <u>eine</u> Regung in jedem! – – – –

TOCHTER. Sag es mir!

MILLIARDÄRSOHN. Treibt der Strom nicht zu wüst und
schwemmt es durch die Ufer, die es nicht halten?
Läßt sich das Wehr nicht bauen, das die Flut staut?
Hemmt sich nicht die Raserei und tritt ins Gefild aus
und überwuchert mit Wachstum die Fläche ins
Grüne? Gibt es kein Halten?! – – *Die Tochter dicht
vor sich ziehend.* Sage es mir: wo ist der Mensch?
Wann tritt er auf – und ruft sich mit Namen: –
Mensch? Wann begreift er sich – und schüttelt aus
dem Geäst sein Erkennen? Wann besteht er den
Fluch – und leistet die neue Schöpfung, die er ver-
darb: – – den Menschen?! – – Schaute ich ihn nicht
schon an – wurde er mir nicht deutlich mit jedem Zeichen seiner Fülle – von großer Kraft mächtig – still in
voller Stimme, die redet: – Mensch?! – – War er nicht
nahe zu mir – – kann er verlöschen – – muß er jetzt
nicht wieder und wieder kommen, wenn einer ihn
einmal erblickte?! – Muß er nicht ankommen – morgen und morgen – und in stündlicher Frist?! – – Bin
ich nicht Zeuge für ihn – und für seine Herkunft und
Ankunft – – ist er mir nicht bekannt mit starkem Gesicht?! – – – – Soll ich noch zweifeln?!!!

TOCHTER *nieder in Knie.* Ich will ihn gebären!

GAS · ZWEITER TEIL

Schauspiel in drei Akten

PERSONEN

MILLIARDÄRARBEITER

GROSSINGENIEUR

ERSTE BLAUFIGUR

ZWEITE BLAUFIGUR

DRITTE BLAUFIGUR

VIERTE BLAUFIGUR

FÜNFTE BLAUFIGUR

SECHSTE BLAUFIGUR

SIEBENTE BLAUFIGUR

ERSTE GELBFIGUR

ZWEITE GELBFIGUR

DRITTE GELBFIGUR

VIERTE GELBFIGUR

FÜNFTE GELBFIGUR

SECHSTE GELBFIGUR

SIEBENTE GELBFIGUR

ARBEITERMÄNNER, ARBEITERFRAUEN, ARBEITERGREISE, AR-
BEITERGREISINNEN, ARBEITERHALBWÜCHSIGE

ERSTER AKT

*Betonhalle. Stäubendes Bogenlampenlicht. Von dunst-
hoher Kuppel Drähte dicht senkrecht nach der Tribüne
und weiter schräg verteilt an kleine eiserne Tische – drei
rechts, drei links. Rotfarbig nach links – grünfarbig
nach rechts die Drähte. An jedem Tisch eine Blaufigur –
in Uniform steif sitzend – starrend auf Glasscheibe im
Tisch, die – rot links, grün rechts – aufleuchtend das
Gesicht mitfärbt. Quervorn längerer eiserner Tisch mit
schachbretteiliger Platte, darin grüne und rote Stöpsel –
von der ersten Blaufigur bedient. Stille.*

ZWEITE BLAUFIGUR *vor rotheller Scheibe.* Meldung von
   drittem Kampfabschnitt: Ballung von Feind im Werden. *Scheibe verlöscht.*

ERSTE BLAUFIGUR *umsteckt roten Stöpsel.*

FÜNFTE BLAUFIGUR *vor grünheller Scheibe.* Meldung von
   drittem Werk: Leistung ein Strich unter Auftrag.
   Scheibe verlöscht.

ERSTE BLAUFIGUR *umsteckt grünen Stöpsel.*

DRITTE BLAUFIGUR *vor rotheller Scheibe.* Meldung von
   zweitem Kampfabschnitt: Ballung von Feind im Werden. *Scheibe verlöscht.*

ERSTE BLAUFIGUR *umsteckt roten Stöpsel.*

SECHSTE BLAUFIGUR *vor grünheller Scheibe.* Meldung
   von zweitem Werk: Leistung ein Strich unter Auftrag. *Scheibe verlöscht.*

ERSTE BLAUFIGUR *umsteckt grünen Stöpsel.*

VIERTE BLAUFIGUR *vor rotheller Scheibe.* Meldung von erstem Kampfabschnitt: Ballung von Feind im Werden. *Scheibe verlöscht.*

ERSTE BLAUFIGUR *umsteckt roten Stöpsel.*

SIEBENTE BLAUFIGUR *vor grünheller Scheibe.* Meldung von erstem Werk: Leistung zwei Strich unter Auftrag. *Scheibe verlöscht.*

ERSTE BLAUFIGUR *umsteckt grünen Stöpsel.*

Stille.

ZWEITE BLAUFIGUR *vor rotheller Scheibe.* Meldung von drittem Kampfabschnitt: Losbruch von Feind in rollen. *Scheibe verlöscht.*

ERSTE BLAUFIGUR *umsteckt roten Stöpsel.*

FÜNFTE BLAUFIGUR *vor grünheller Scheibe.* Meldung von drittem Werk: Leistung drei Strich unter Auftrag. *Scheibe verlöscht.*

ERSTE BLAUFIGUR *umsteckt grünen Stöpsel.*

DRITTE BLAUFIGUR *vor rotheller Scheibe.* Meldung von zweitem Kampfabschnitt: Losbruch von Feind in rollen. *Scheibe verlöscht.*

ERSTE BLAUFIGUR *umsteckt roten Stöpsel.*

SECHSTE BLAUFIGUR *vor grünheller Scheibe.* Meldung von zweitem Werk: Leistung fünf Strich unter Auftrag. *Scheibe verlöscht.*

ERSTE BLAUFIGUR *umsteckt grünen Stöpsel.*

VIERTE BLAUFIGUR *vor rotheller Scheibe.* Meldung von erstem Kampfabschnitt: Losbruch von Feind in rollen. *Scheibe verlöscht.*

ERSTE BLAUFIGUR *umsteckt roten Stöpsel.*

SIEBENTE BLAUFIGUR *vor grünheller Scheibe.* Meldung

von erstem Werk: Leistung acht Strich unter Auftrag. *Scheibe verlöscht.*
ERSTE BLAUFIGUR *umsteckt grünen Stöpsel.*

Stille.

ZWEITE BLAUFIGUR *vor rotheller Scheibe.* Meldung von
drittem Kampfabschnitt: Einbruch von Feind in
wachsen. *Scheibe verlöscht.*
ERSTE BLAUFIGUR *umsteckt roten Stöpsel.*
FÜNFTE BLAUFIGUR *vor grünheller Scheibe.* Meldung von
drittem Werk: Leistung neun Strich unter Auftrag.
Scheibe verlöscht.
ERSTE BLAUFIGUR *umsteckt grünen Stöpsel.*
DRITTE BLAUFIGUR *vor rotheller Scheibe.* Meldung von
zweitem Kampfabschnitt: Einbruch von Feind in
wachsen. *Scheibe verlöscht.*
ERSTE BLAUFIGUR *umsteckt roten Stöpsel.*
SECHSTE BLAUFIGUR *vor grünheller Scheibe.* Meldung
von zweitem Werk: Leistung elf Strich unter Auf-
trag. *Scheibe verlöscht.*
ERSTE BLAUFIGUR *umsteckt grünen Stöpsel.*
VIERTE BLAUFIGUR *vor rotheller Scheibe.* Meldung von
erstem Kampfabschnitt: Einbruch von Feind in wachsen. *Scheibe verlöscht.*
ERSTE BLAUFIGUR *umsteckt roten Stöpsel.*
SIEBENTE BLAUFIGUR *vor grünheller Scheibe.* Meldung
von erstem Werk: Leistung zwölf Strich unter Auftrag. *Scheibe verlöscht.*
ERSTE BLAUFIGUR *ins Telephon vor sich.* Der Großingenieur!

Großingenieur kommt: gealtert ins Petrefakt fanati-
scher Werkenergie; kantiges Profil – Haarkamm weiß;
weißer Kittel.

ERSTE BLAUFIGUR. Zählstationen kontrollieren verminderte Herstellung von Gas. Nach Strichen bis zwölf
bleibt Sein hinter Soll.

GROSSINGENIEUR. Zusammenbrüche von Arbeitern vor
Sichtglas – auf Schaltblock – an Hebel.

ERSTE BLAUFIGUR. Warum kein Ersatz?

GROSSINGENIEUR. Jede Schicht ausgemustert ohne ein
letztes Zuviel von Mann oder Frau.

ERSTE BLAUFIGUR. Tritt Seuche im Werk auf?

GROSSINGENIEUR. Mit keinem sichtbaren Zeichen.

ERSTE BLAUFIGUR. Stockt die Lieferung von Lebensmit-
teln?

GROSSINGENIEUR. Stetige Zuweisung mit reichlichem
Vorzug.

ERSTE BLAUFIGUR. Enttäuscht Belöhnung aus vollem Gewinn, der verteilt wird?

GROSSINGENIEUR. Barer Überschuß schwillt schon Halb-
wüchsigen ins Summenhafte.

ERSTE BLAUFIGUR. – – Wie erklären Sie – den Nachlaß?

GROSSINGENIEUR. Bewegung wurde Gesetz aus sich.
Übermaß von Dauer der einen Handlung stumpft
den Ansporn aus Willen zum Werk. Gas ist nicht
mehr Ziel – in kleine Handreichung verstieß sich
Zweck, der wiederholt und wiederholt, was zwecklos
wird im Teil ohne Ganzes. Planlos schafft der Mann
am Werkzeug – das Werk entzog sich der Übersicht,
wie der Mann durch Tag und Tag tiefer ins gleichför-
mige Einerlei glitt. Rad saust neben Rad und kerbt

nicht mehr die Nabe von Gegenrad und Gegenrad. Schwung tost leer und stürzt ohne Widerstand vor sich zu Boden.

ERSTE BLAUFIGUR. Entdecken Sie kein Mittel, die Produktion zu sichern?

GROSSINGENIEUR. Neue Massen von Arbeitern ins Werk.

ERSTE BLAUFIGUR. Die finden sich nicht, wo siebenmal gesiebt wurde.

GROSSINGENIEUR. Schon Kinder halten die volle Schicht.

ERSTE BLAUFIGUR. Was wird?

GROSSINGENIEUR. Ein steilsteigendes Minus an Gas.

ERSTE BLAUFIGUR *auf die Tischplatte zeigend.* Sehen Sie das? Maßtafel von Angriff und Abwehr. Wie die Kräfte sich gegenhalten.

GROSSINGENIEUR. Rot dringt vor.

ERSTE BLAUFIGUR. Feind gewinnt Raum.

GROSSINGENIEUR. Grün weicht weg.

ERSTE BLAUFIGUR. Gas stützt nicht Verteidigung.

GROSSINGENIEUR *stumm.*

ERSTE BLAUFIGUR. Dieser Tisch rechnet das Exempel. Wir sind nach Zahl im Kampf schwächer – aber im Mittel der Technik überlegen. Das balanciert den Ausgang. Wenn wir in Technik nicht verzagen! – Unsere Fabriken arbeiten mit Antrieb von Gas, das nur wir herstellen, über die Möglichkeiten von Feind in seinen Fabriken. Ein Strich vom Produkt Gas weniger, als hier errechnet – – und wir verlieren die Aussicht auf Rettung rascher – – als wir sie bisher einbüßten!

GROSSINGENIEUR *starrt an.* Zermahlung von Feind nicht mehr – –??

ERSTE BLAUFIGUR. Heute Phantom!

GROSSINGENIEUR. Das Ende??

ERSTE BLAUFIGUR. Im besten Fall ein Remis mit zwei schachmatten Parteien!

GROSSINGENIEUR *stützt sich am Tisch.*

ERSTE BLAUFIGUR. Das erleichtert die Entscheidung. Sie ist gefallen, wie sie nur fallen kann. Kampf und Untergang. Angriff und Widerstand verbluten aneinander. Gegner untergeht mit Gegner. Von Völkern bleibt ein Rest, der entkräftet vergeht. Kein Mensch läuft aus der Vernichtung. *Stark zum Großingenieur.* Das wissen nur wir!

GROSSINGENIEUR *rafft sich.* Was wird?

ERSTE BLAUFIGUR. Steigerung der Leistung von Gas ohne Rücksicht auf Mann oder Frau oder Kind. Keine Schichten mehr – Schicht schiebt sich in Schicht ohne Entlassung nach Stunden. Von Zusammenbruch bis Zusammenbruch ist jeder angespannt. Keine Frist von Rast länger! Absinkt die letzte tote Hand vom Hebel – abgleitet der letzte tote Fuß vom Schaltblock – abblinkt das letzte glasige Auge vom Sichtglas – – ging das Exempel auf: letzter Feind ist vom Erdboden vertilgt – und letzter Kämpfer von uns ohne Odem!

GROSSINGENIEUR *gestrafft.* Ich erfülle die Erforderung!

ERSTE BLAUFIGUR *streckt ihm die Hand hin.* Hinein mit uns in den Tunnel ohne Mündung!

GROSSINGENIEUR *Hand erwidernd.* Gas! *ab.*

Gleich draußen hohe scharfe Sirenen in Nähe – aus Ferne neue Sirenen – ebbend – still.

ERSTE BLAUFIGUR *ins Telephon.* Der Milliardärarbeiter!

*Milliardärarbeiter kommt: mittenzwanzigjährig; Werk-
tracht – Haar geschoren – barfuß.*

ERSTE BLAUFIGUR. Stehen Sie in Schicht?

MILLIARDÄRARBEITER *verneint.* In Ablösung, die aufge-
rufen ist.

ERSTE BLAUFIGUR. Vorzeitig.

MILLIARDÄRARBEITER. Der Entschluß mußte sich Ihnen
aufdrängen.

ERSTE BLAUFIGUR. Mit welchem Zwang?

MILLIARDÄRARBEITER. Kein Arbeiter hält die frühere
Schicht länger durch.

ERSTE BLAUFIGUR. Was raten Sie?

MILLIARDÄRARBEITER. Was gilt hier meine Meinung?

ERSTE BLAUFIGUR. Sie hören, ich frage.

MILLIARDÄRARBEITER. Die Erkundigung haben Sie bei jedem Arbeiter im Werk.

ERSTE BLAUFIGUR. Ich suche sie bei keinem Arbeiter – ich
will sie vom Chef.

MILLIARDÄRARBEITER. Wer ist Chef?

ERSTE BLAUFIGUR *sieht ihn fest an.* Vor mir – der Chef.

MILLIARDÄRARBEITER. – – Weichen Sie von Ihrem Platz?

ERSTE BLAUFIGUR. Die neue Aufgabe fordert doppelte
Kräfte: – der Chef und wir bewältigen sie in gemein-
samer Anstrengung.

MILLIARDÄRARBEITER. Was wird verlangt?

ERSTE BLAUFIGUR. Gas mit verzehnfachter Mächtigkeit!

MILLIARDÄRARBEITER *achselzuckend.* Bestimmen Sie das
Erträgnis.

ERSTE BLAUFIGUR. Es genügt nicht. Die Arbeiter sind
schlaff. Befehl würde in ihren mürben Hirnen verrin-
nen und nicht stacheln.

MILLIARDÄRARBEITER. Verhängen Sie peinigendere Strafen.

ERSTE BLAUFIGUR. Es entzieht Arbeiter.

MILLIARDÄRARBEITER. Werden alle unentbehrlich?

ERSTE BLAUFIGUR. Für den letzten Aufwand! – Vernichtung auf beiden Seiten – aber Vernichtung!

MILLIARDÄRARBEITER *zuckt zusammen – sammelt sich. –* Was wollen Sie von mir?

ERSTE BLAUFIGUR. Den Strom durchs Werk schicken, der alle mitreißt. Es gilt: zum Untergang fanatisieren. Das Fieber aus Haß und Stolz hitzt noch einmal in jedem die kälteste Ader – Nacht wird Tag im Dienst für das Ziel, das blutrotes Fanal bläht!

MILLIARDÄRARBEITER. Das ist das Ziel?

ERSTE BLAUFIGUR. Von Ihrem Munde verkündet! Stehen Sie in den Hallen – mischen Sie Ihre Stimme in das Toben der Kolben und Rauschen der Riemen – übertosen Sie den Lärm mit Ihrem Aufruf, der Ziel zeigt und Sinn sagt: Hände werden wieder hart um den Hebel – Füße schwer auf dem Schaltblock – Augen klar vorm Sichtglas. Arbeit flutet aus entschlossenen Schleusen – und Gas wird Macht im Gewicht vor Übermacht!

MILLIARDÄRARBEITER *sehr ruhig.* Ich werde gestraft, wenn ich die Schicht versäume.

ERSTE BLAUFIGUR. Sie sind nicht mehr Arbeiter.

MILLIARDÄRARBEITER. Sie können mich nicht entlassen, weil ich Arbeiter in diesem Werk bin.

ERSTE BLAUFIGUR. Ich schicke Sie mit besonderem Auftrag ins Werk.

MILLIARDÄRARBEITER. Ich übernehme ihn nicht.

ERSTE BLAUFIGUR. – – Stellen Sie Bedingungen?

MILLIARDÄRARBEITER. Ich wiederhole die eine und dieselbe, die die Forderung meiner Mutter und des Vaters meiner Mutter war: geben Sie das Werk frei.

ERSTE BLAUFIGUR *heftig*. Ihr Großvater und Ihre Mutter protestierten gegen die Herstellung von Gas. Das machte die Verwaltung des Werks unter Zwang notwendig. Sonst war unsere Rüstung zum Stillstand verurteilt!

MILLIARDÄRARBEITER. Das bestätigte beide in ihrer unerschütterlichen Ablehnung.

ERSTE BLAUFIGUR. Wir stehn im Kampf, wie noch niemals eine Partie verstrickt war.

MILLIARDÄRARBEITER. Ich habe jedem Befehl schweigsam gehorcht.

ERSTE BLAUFIGUR. Jetzt wird Ihre Sprache notwendig!

MILLIARDÄRARBEITER. Gegen mich selbst und gegen meine Mutter?

ERSTE BLAUFIGUR. Für die Arbeiter, die wollen, das Gas wird! Sie kehrten nach der Explosion zurück – sie bauten das Werk auf – sie blieben in den Hallen trotz Gefahr, die stündlich droht – sie bückten sich willig unter den Herrn, der Gas hieß – – der heute Untergang heißt, wenn eine Stimme ihn verkündete, die aufhorchen läßt! Ihre Stimme ist es, die durchdringt – vor Ihrer Zusage brandet das Ja und Ja der Tausende zur zermalmenden Sturzwelle auf. Ihre Umkehr zu uns macht Halbtote lebendig zum Werk!

MILLIARDÄRARBEITER. Ich schütze das Erbe meines Großvaters.

ERSTE BLAUFIGUR. Die Arbeiter verlachten seine Pläne!

MILLIARDÄRARBEITER. Die Form für die Menschen wird sich offenbaren.

ERSTE BLAUFIGUR. Für andere, die überleben. Wir haben keine Zukunft.

MILLIARDÄRARBEITER. Ein Ausweg bleibt immer.

ERSTE BLAUFIGUR. Suchen Sie den ohne uns?

MILLIARDÄRARBEITER. Mit euch und in euch!

ERSTE BLAUFIGUR *nach einem Besinnen.* – Wir werden die Leistung mit Strafen erzielen, die wir brauchen! *Entlassende Geste.*

MILLIARDÄRARBEITER *ab.*

Stille.

ZWEITE BLAUFIGUR *vor rotheller Scheibe.* Meldung von drittem Kampfabschnitt: maßloser Druck von Feind unaufhörlich. *Scheibe verlöscht.*

ERSTE BLAUFIGUR *umsteckt roten Stöpsel.*

DRITTE BLAUFIGUR *vor rotheller Scheibe.* Meldung von zweitem Kampfabschnitt: maßloser Druck von Feind unaufhörlich. *Scheibe verlöscht.*

ERSTE BLAUFIGUR *umsteckt roten Stöpsel.*

VIERTE BLAUFIGUR *vor rotheller Scheibe.* Meldung von erstem Kampfabschnitt: maßloser Druck von Feind unaufhörlich. *Scheibe verlöscht.*

ERSTE BLAUFIGUR *springt auf.* Keine Meldung vom Werk?

Großingenieur kommt in Hast.

GROSSINGENIEUR. Störung im ganzen Betrieb! Schicht-wechsel stockt! Ablösung greift nicht in Stand-schicht! Zum erstenmal klafft eine Lücke im

Schwung von Jahrreihen frei! Das Pendel baumelt!
Der Automat schnurrt ab!

ERSTE BLAUFIGUR. Ihre Anordnungen?

GROSSINGENIEUR. Mit Sirenen verkündet! Von Stand-
schicht mit Schichtschluß beantwortet – von Ablösung mit Abweisung erledigt!

ERSTE BLAUFIGUR. Ruft wer zum Widerstand auf?

GROSSINGENIEUR. Kein Rädelsführer! Der Automat
läuft aus sich – und läuft aus, weil der Umschwung in
seinem Triebwerk verändert! Die neue Zeitteilung
stört den alten Takt und bremst das Tempo auf Sekunden – die zur Besinnung genügen, um sich zu besinnen! Blitz stößt in die Köpfe und erklärt die Bahn,
die jahrreihenlang gehetzt! Der Taumel wurde Gesicht – und grinst aus grausiger Fratze den Erschrok-
kenen ins erfrierende Gehirn!

ERSTE BLAUFIGUR. Jetzt – – Streik?

GROSSINGENIEUR. Was ist Streik?

ERSTE BLAUFIGUR. Weg von Hebel und Schaltblock und
Sichtglas?

GROSSINGENIEUR. Schon Geschehnis aus Vergangen-
heit! Der Stillstand schlug um in Bewegung!

ERSTE BLAUFIGUR. Aufruhr?

GROSSINGENIEUR. Durch Hallen entzündet! Keine
Stimme – kein Schrei – kein Wortschwall! – – eisiges
Schweigen – bloß Blicke vor sich – und schon schie-
lend zum nächsten bei ihm – und der über ihn wird
zum Gefährten und zu Gefährten! Aus Augen wird
es – was wird, um uns hier zu zerschellen: – – der
Sturm!

ERSTE BLAUFIGUR. – Kordon um die Hallen und auf die
Tore gehalten, wer austritt!!

GROSSINGENIEUR. Bleibt Zeit?!

FÜNFTE BLAUFIGUR *vor grünheller Scheibe.* Meldung vom dritten Werk: – –

GROSSINGENIEUR *hin – ablesend.* Werk steht still – Arbeiter verlassen die Hallen!!

ERSTE BLAUFIGUR. Sperrt die anderen Werke!

SECHSTE BLAUFIGUR *vor grünheller Scheibe.* Meldung von zweitem Werk: – –

GROSSINGENIEUR *hin.* Werk steht still – –

SIEBENTE BLAUFIGUR *vor grünheller Scheibe.* Meldung von erstem Werk: – –

GROSSINGENIEUR *hin.* Arbeiter verlassen die Hallen!!

ERSTE BLAUFIGUR. Alarm über den Werkbezirk!!

GROSSINGENIEUR. Zu spät! Im Druck der Wucht der Zahl sind wir zermalmt! Die Woge türmt furchtbarer auf – gereizt von uns, die hier sind, wenn sie kommen!!

ERSTE BLAUFIGUR. Dringen Sie ein?!

GROSSINGENIEUR. Im Marsch ohne Wahl hierher! Der Zug drängt ins Zentrum zurück, woher unser Sporn antrieb! Da knäult sich die Böe! Die Entladung trifft uns – wenn sie uns noch trifft!

ERSTE BLAUFIGUR *schiebt mit raschem Griff die Stöpsel auf dem Schaltbetrieb durcheinander.* Die Rechnung ging nicht auf – es blieb ein Rest! *Ab mit Großingenieur und Blaufiguren.*

Leere Halle.

Von den dunstgrauen Rändern langsam ringförmig Menge schwellend: Arbeitermänner – Arbeitergreise – Arbeiterhalbwüchsige in Tracht von grau, geschoren

und barfuß; Arbeiterfrauen – Arbeitergreisinnen – Arbeitermädchen in gleicher Tracht, barfuß und graue Tücher eng ums Haar.
In einigem Abstand von den Tischen stockt die totenstill vordringende Bewegung.
Dann ist überflutender Losbruch – doch stumm – eilig: die Tische sind umgestürzt und von Hand zu Hand in den Randschatten der Betonhalle gehoben – die Drähte von der Tribüne nach den Tischen – aus der Kuppel nach der Tribüne weggerissen.
Dann herrscht volle Stille.
Die Frauen zerren die Tücher von den Köpfen und beginnen ihr Haar zu strähnen.

ALLE MÄNNER und ALLE FRAUEN *nach Blicken zueinander – mit großem Aufschrei.* Kein Gas!!!!

96

ZWEITER AKT

Betonhalle. Vermindertes Bogenlampenlicht. Volle Halle.

STIMMEN *aus surren schwellend – hell.* Was mit uns?!

MÄDCHEN *auf die Tribüne – Haar um sich spreitend.* Morgen für uns mit Tag, der Frühe bleibt so voll Lust von Licht, die ihn aufhält im Wandel von Stunden. Strahl schießt in den Morgen, der anhebt – wie noch kein Morgen für uns entstand. Scheu blickt das Auge und zuckt in Betroffenheit zögernd die Sicht zu erweitern, die in den Strudel von Weiße und Bunt taucht – bald ist das Wunder gewohnt und im Hinblick gebannt: – Morgen für mich lenkt zu mir den Geliebten!

JUNGER ARBEITER *zum Mädchen auf die Tribüne.* Morgen für dich und für mich, der verschmilzt zu unserer Erfüllung. Leer blieb Sein und Sucht aus Tag und Tag ohne Sein von dir und mir bis an diesen Morgen, der hochglänzt – nun bricht Flut aus Stauung los ins Ufer, das neu gilt! – Eiland wuchernd in Farbe und Laut von Hochzeit!

MÄDCHEN *jungen Arbeiter umschlingend.* Morgen für dich!

JUNGER ARBEITER *Mädchen haltend.* Morgen für dich!

MÄDCHEN *und* JUNGE ARBEITER *um die Tribüne drängend – sich umfassend.* Morgen für uns!!

Mädchen und junger Arbeiter von der Tribüne.

STIMMEN *der andern.* Mehr für uns!

FRAU *auf die Tribüne.* Mittag für uns. Aus Anfang zog ich noch nicht die Kurve, die bäumt nach der Höhe – die kroch platt am Boden. Da war zwischen Mann und Frau nichts hinterm Morgen – taube Hülse knirrte, die nietet und nicht verbindet. Jetzt perlt Guß von Glanz – gestäubt über mich mit funkelndem Bogenlauf. Goldentzündet brüstet sich Gewölk, das verrinnt ringsüberrund, und schleust triefendes Gut, das erwärmt und reichtränkt, auf die totbrache Kruste: – Eingang körnt wieder locker – aus Beginn buchtet sich breite Erschließung ins Volle –: Mittag wird Zeit unserer Verschränkung von Frau und Mann mit letztem Atem von einem zum andern, wo eines Teil und anderen Teil unauffindbar versinkt: – kein Anspruch bleibt ledig der Antwort – sie klingt mit eifriger Schelle unaufhörlich mittaglich hell, weil Mittag blaut über uns!

MANN *zur Frau auf die Tribüne.* Mittag aus dir mit Schwarm blausäumiger Wolken treibend. Mittag über mich gezogen wie Zelt der Beständigkeit – fester Bezirk, der mich bestimmt für dich. Kein Ausgang, der verführt, wo nichts lohnt – kein Willen, der trotzt, wo nichts bedeutet: – schon am Hauch der Silbe haftet Verständigung, die beiden gebietet. Begierde wuchs kühn und maßlos – Leib bindet Leib: kein Überschwang beleidigt die Paarung – aus Dopplung von Sein und Sein ohne Abstrich einrichtet sich unser Gesetz, das nicht verbietet und nicht erlaubt: – das Eins weiß nicht Bedrängung und Widerstand – es ist unteilbar mit Einem von Mann und Frau im Mittag!

FRAU *die Hände nach ihm streckend.* Mittag für dich!

MANN *sie fassend.* Mittag für dich!

FRAUEN und MÄNNER *um die Tribüne – sich mit Händen suchend.* Mittag für uns!!

Frau und Mann von der Tribüne.

STIMMEN *der andern.* Mehr für uns!

GREISIN *auf die Tribüne.* Abend für uns. Einmal der Rundlauf beschwichtigt und die Knöchel still überm Schuh. Was schälte sich aus meinem Morgen und Mittag? Ich sah den Unterschied nicht von Mittag und Morgen. Einerlei war das und ohne Zeichen von Einschnitt zum andern. Das glitt wie trübes Rinnsal über Höcker im Strombrett, dem wir nicht auf den Grund schaun. Das war aus Morgen und Mittag das Sein. – War ich allein? War keiner bei mir im Anfang und später? War ich so sehr allein? Ging ich mit mir unter und griff nur mit einer Hand nach meiner andern, um mich aus dem Sinken zu bergen? Fand ich den einsamen Tod schon? – Der Abend schenkt alles Leben und schiebt jede Stunde, die verfehlt, zu Stunde und Stunde, die nun kommen. Die Zeit verteilt mit neuem Maß – ich höhle die Hände und fasse nicht mehr – es schüttet sich aus – ich blinzle in den Schatz: – da stellt sich heraus, der in Morgen und Mittag verlöschte und erst im Abend auftaucht!

GREIS *zur Greisin auf die Tribüne.* Für uns der Abend. Rast von Schritt im Trott ohne Plan überdrängt Baum mit Schatten behängt. Wo tost Lärm? Wo eilt

Gang? Stille betont müder Vogel aus Geäst – Wind rauscht verraschelnd. Tag ebbt glatt. Was ist es spät? Die Frühe ist ein Drängen von Hand in Hand, die nie endigt. Wo klafft Verlust? Einer Lippe Krümmung austeilt mit Verschwendung. Du entbehrtest nicht – und ich versagte mir nichts: – unser Abend entdeckt uns Überfluß, den wir nie aufzehren! *Er führt Greisin mit sich von der Tribüne.*

GREISINNEN und GREISE *zu ihnen hin – einander stützend.* Abend für uns!!

STIMMEN *der andern.* Mehr für uns!

EINE STIMME *hoch.* Was mit uns?

STIMMEN *verteilt.* Mehr für uns!!

STIMMEN *entgegen.* Was mit uns?

STIMMEN *Woge.* Mehr für uns!!!

STIMMEN *Gegenwoge.* Was mit uns?!!

STIMMEN und STIMMEN *durcheinanderflutend.* Mehr für uns!!! Was mit uns?!! *Im Schrei von Helle Abbruch.*

Stille.

EINE STIMME. Der Milliardärarbeiter!

ALLE STIMMEN *schwellend – sich vereinigend – jubelrufend.* Der Milliardärarbeiter!!!

Stille.

MILLIARDÄRARBEITER *ersteigt die Tribüne.* Ich bin willig vor euch und über euch nur nach Stufen, die meine Füße steigen! *Oben.* Kein Kopf denkt mehr – kein Mund spricht beredsamer vor euch: ihr ruft Morgen und Mittag und Abend – und benennt das Sagbare

mit Worten, die immer gelten. – Dir, Mädchen, ist
Morgen Zeit deines Lebens, das sich begibt mit Anfang – und deinen Schwestern bei dir und euren
Schwestern nach euch. Das ist Bestimmung von Ursprung! – Dir, Jüngling, bricht feurige Frühe durch
Blut und Puls nach erster Umschlingung – und deinen Brüdern bei dir und euren Brüdern nach euch.
Das ist Bestimmung von Ursprung! – Dir, Frau, ist
Tag groß im Mittag, der jede Erfüllung vermittelt –
und allen Frauen bei dir und Frauen und Frauen
nach euch. Das ist Bestimmung von Ursprung! –
Dir, Mann, brennt braun vom hohen Gestirn das
Stirnfeld und zeichnet dich mit dem kräftigen Mal
des Mittags – und alle Männer bei dir und Männern
und Männern nach euch. Das ist Bestimmung von
Ursprung! – Euch, Greisin und Greis, fällt aus
Schatten und Windstille der Abend auf Schultern
und Schoß – ihr seid besänftigt vor Nacht, in die ihr
ohne Schrei und Schreck einschlaft. Das ist Bestimmung von Ursprung! – *Stärker.* Wieder ist Tag um
euch – ganzer Tag mit Morgen und Mittag und
Abend: – das entstellte Gesetz strahlt von erneuerter Tafel! – Ihr seid wieder bei euch – ausgegangen
aus fronender Nötigung – eingekehrt in letzte Verpflichtung!

STIMMEN. Was mit uns?

MILLIARDÄRARBEITER. Ausruf von euch, wer ihr seid in
eurer Erfindung! – Ihr vom Druck von äußerster
Härte zum Boden gestoßen – ihr in Zwang gepfercht wie Tiere vor der Abtötung – – ihr seid
glaubwürdig! Eure Erfahrung bestätigt mit Siegel
und Eid: – es ist kein bübisches Spiel. Euer Ruf gilt

– mit jeder Wahrheit echt – in jedem Hauch ein volles Ja!!

STIMMEN und STIMMEN. Was mit uns?!

MILLIARDÄRARBEITER. Mitteilung aus euch, wer ihr seid in Entfaltung! – Eure Entdeckung wird Frevel mit der Bewahrung eures Fundes. Furchtbar schwärzt euch der Makel, wenn ihr verschweigt. In eurem Haus fault um euch die Luft, wenn ihr die Fenster verschließt und nicht das Licht über die Straße entlaßt. Kein Fluch zögert sich auf euch zu stürzen und euch zu verdammen!!

ALLE STIMMEN. Was mit uns?!!

MILLIARDÄRARBEITER. Verkündet euch den andern!! Schickt den Schrei aus der Halle durch Luft über alle. Schont keine Mühe, die eure letzte wird – verschenkt euren Schatz, der sich nicht ausgibt und jeden Einsatz verzehnfacht mit Mehrzins – – : rollt die Kuppel frei!!

Stille.

STIMMEN und STIMMEN. Rollt die Kuppel frei!!

ALLE STIMMEN. Rollt die Kuppel frei!!!

MILLIARDÄRARBEITER. Spannt den Draht, aus dem der Funken spricht um das Rund des Erdballs!!

STIMME. Spannt den Draht!

STIMMEN und STIMMEN. Spannt den Draht!!

ALLE STIMMEN. Spannt den Draht!!!

MILLIARDÄRARBEITER. Schickt das Signal vom Stillstand von Kampf über Kämpfer und Kämpfer!!

STIMME. Schickt das Signal!

STIMMEN und STIMMEN. Schickt das Signal!!

ALLE STIMMEN. Schickt das Signal!!!

JUNGER ARBEITER *an der Tribüne – Arme zur Kuppel.* Von uns die Kuppel frei! *Ab.*

Stille.

STIMME *oben.* In der Kuppel wir!
STIMMEN *unten.* Rollt die Kuppel frei!
STIMME *oben.* Rost hemmt in Schienen!
STIMMEN *unten.* Lockert an Nieten!
STIMME *oben.* Druck wuchtet mächtig!
STIMMEN *unten.* Sprengt unter die Wölbung!
STIMME *oben.* Locker schon Platten!
STIMMEN *unten.* Weitet die Lücke!
STIMME *oben.* Kuppel in gleiten!
ALLE STIMMEN *unten.* Rollt die Kuppel frei!!!!

Ein breiter Lichtbaum senkt mit Sturz sich aus der Kuppel und steht wie eine funkelnde Säule vom Boden der Halle.
In Blendung Stille – alle Gesichter hinauf.

MILLIARDÄRARBEITER *nach oben rufend.* Fördert das Werk ohne Halt!
STIMME *oben.* Draht steil gerichtet!
MILLIARDÄRARBEITER. Eilt mit der Vollendung!
STIMME *oben.* Funke in Spitze kräftig!
MILLIARDÄRARBEITER. Bedient, wie ich rufe!
STIMME *oben.* Am Sender!
MILLIARDÄRARBEITER. Entlaßt die Losung: Hände sind los von Verrichtung – Hände sind ab von Fron für Vernichtung – Hände sind frei für Druck aller Hände in unsern, die rasten: – kein Gas!

STIMME *oben wiederholend*. Hände sind los von Verrichtung – Hände sind ab von Fron für Vernichtung –
Hände sind frei für Druck aller Hände in unsern, die
rasten: – kein Gas!

ALLE STIMMEN *unten*. Kein Gas!!!!

MILLIARDÄRARBEITER. Hört nach der Antwort!

STIMMEN *unten*. Sagt uns die Antwort!

MILLIARDÄRARBEITER. Überhört nicht die Antwort!

Stille.

STIMME *oben*. Ausbleibt Antwort!

Stille.

MILLIARDÄRARBEITER. Schickt neuen Anruf: Taumel von
Blut verflog – Fieber verwich in Kühle – Blick öffnet
Augen nach euch, die begrüßen – Schicht schmolz in
Dauer von Sein: – kein Gas!!

STIMME *oben wiederholend*. Taumel von Blut verflog –
Fieber verwich in Kühle – Blick öffnet Augen nach
euch, die begrüßen – Schicht schmolz in Dauer von
Sein: – kein Gas!!

ALLE STIMMEN *unten*. Kein Gas!!!!

MILLIARDÄRARBEITER. Wacht um die Antwort!

STIMMEN und STIMMEN *unten*. Ruft uns die Antwort!!

MILLIARDÄRARBEITER. Überwacht gut die Antwort!

Stille.

STIMME *oben*. Ausbleibt Antwort!

Stille.

MILLIARDÄRARBEITER. Dringt um Erwiderung: Land
   wuchs in Land – Grenze stob ins All – Nachbar wird
   noch der Fernste – in Sammlung zu uns sind wir ver-
   teilt an euch und ein Ganzes: – kein Gas!!!
STIMME *oben wiederholend.* Land wuchs in Land –
   Grenze stob ins All – Nachbar ist noch der Fernste –
   in Sammlung zu uns sind wir verteilt an euch und ein
   Ganzes: – kein Gas!!!
ALLE STIMMEN *unten.* Kein Gas!!!!
MILLIARDÄRARBEITER. Mißhört nicht die Antwort!
ALLE STIMMEN *unten.* Schreit uns die Antwort!!!!
MILLIARDÄRARBEITER. Vertauscht nicht Silbe und Silbe
   der Antwort!

Stille.

STIMME *oben.* Ausbleibt Antwort!

Totenstille.

STIMME *vom äußersten Rand der Halle.* Ankunft von
   Fremden!
STIMMEN und STIMMEN. Ankunft von Gelben!
ALLE STIMMEN. Ankunft von Feind!!!

*Weg bahnt sich vor sieben Gelbfiguren, die die Mitter
erreichen. Milliardärarbeiter schwankend von der Tribüne.*

ERSTE GELBFIGUR. Die Rechnung ist nicht glatt aufge-
   gangen. Ein Bruch reißt ins Spiel. Eure Partie warf die

Karten hin. Wir übertrumpften. Bucht den Verlust,
den wir summieren.

Stille.

ERSTE GELBFIGUR. Eure Energie von Gas, das ihr her-
stellt, wird dienstbar unserm Bedürfnis. Eure Leistung tilgt von der Schuld an uns, die ihr nicht aus-
löscht. Gas speist unsere Technik.

Stille.

ERSTE GELBFIGUR. Das Werk fällt aus eurer Verfügung in
unsere Bestimmung. Ohne Kurs die Tabellen, die euren Anteil zusprechen. Der Gewinn verschüttet sich
nicht mehr in alle Hände – Lohn nach Maß der Notwendigkeit für Erhaltung der Kräfte von euch wird
Gesetz.

Stille.

ERSTE GELBFIGUR. Das Werk schafft wieder mit dieser
Stunde Gas. Schicht zieht in Dienst hier aus der Halle
– Schicht dient nach Schicht. Von uns der Auftrag
nach Anspruch von Gas – die Leistung von Gas ver-
antwortet der Großingenieur.

Großingenieur kommt.

ERSTE GELBFIGUR. Der Großingenieur übt Macht über
euch mit Befehl und Strafe.

Stille.

ERSTE GELBFIGUR *zum Großingenieur.* Richten Sie die
  Halle ein.
GROSSINGENIEUR *nach oben.* Schließt die Kuppel!

Langsam verringert sich das Sonnenlicht – verlöscht.

GROSSINGENIEUR. Stellt die Tische auf!

*In lautloser Tätigkeit sind die Tische über Köpfe zur
Mitte gehoben – errichtet.*

GROSSINGENIEUR. Spannt die Drähte!

*Mit stumpfem Eifer sind aus der Kuppel gesenkte
Drähte zur Tribüne gestrafft – nach den Tischen gezogen.*

GROSSINGENIEUR. Speist alle Lampen!

Stäubendes Bogenlampenlicht.

GROSSINGENIEUR. Zieht ins Werk!

*Weichen ohne Ton nach den Rändern der Halle – Ver-
schwinden.*
Sechs Gelbfiguren lassen sich an den Tischen nieder.
*Erste Gelbfigur ordnet die Stöpsel auf dem Schach-
brettisch.*
Großingenieur wartet.

ERSTE GELBFIGUR *zum Großingenieur.* Gas!

Großingenieur ab.

DRITTER AKT

Betonhalle. Stäubendes Bogenlampenlicht.
An den Tischen die sieben Gelbfiguren. Stille.

ZWEITE GELBFIGUR *vor rotheller Scheibe.* Meldung von
 Bedarfzentrale: Anspruch für dritten Distrikt zwei
 Quoten mehr. *Scheibe verlöscht.*
ERSTE GELBFIGUR *umsteckt roten Stöpsel.*
FÜNFTE GELBFIGUR *vor grünheller Scheibe.* Meldung von
 drittem Werk: Leistung ein Strich unter Auftrag.
 Scheibe verlöscht.
ERSTE GELBFIGUR *umsteckt grünen Stöpsel.*
DRITTE GELBFIGUR *vor rotheller Scheibe.* Meldung von
 Bedarfzentrale: Anspruch für zweiten Distrikt drei
 Quoten mehr. *Scheibe verlöscht.*
ERSTE GELBFIGUR *umsteckt roten Stöpsel.*
SECHSTE GELBFIGUR *vor grünheller Scheibe.* Meldung
 von zweitem Werk: Leistung ein Strich unter Auf-
 trag. *Scheibe verlöscht.*
ERSTE GELBFIGUR *umsteckt grünen Stöpsel.*
VIERTE GELBFIGUR *vor rotheller Scheibe.* Meldung von
 Bedarfzentrale: Anspruch für ersten Distrikt vier
 Quoten mehr. *Scheibe verlöscht.*
ERSTE GELBFIGUR *umsteckt roten Stöpsel.*
SIEBENTE GELBFIGUR *vor grünheller Scheibe.* Meldung
 von erstem Werk: Leistung zwei Strich unter Auf-
 trag. *Scheibe verlöscht.*
ERSTE GELBFIGUR *umsteckt grünen Stöpsel.*

Stille.

ZWEITE GELBFIGUR *vor rotheller Scheibe.* Meldung von Bedarfzentrale: Anspruch für dritten Distrikt fünf Quoten mehr. *Scheibe verlöscht.*

ERSTE GELBFIGUR *umsteckt roten Stöpsel.*

FÜNFTE GELBFIGUR *vor grünheller Scheibe.* Meldung von drittem Werk: Leistung sechs Strich unter Auftrag. *Scheibe verlöscht.*

ERSTE GELBFIGUR *umsteckt grünen Stöpsel.*

DRITTE GELBFIGUR *vor rotheller Scheibe.* Meldung von Bedarfzentrale: Anspruch für zweiten Distrikt acht Quoten mehr. *Scheibe verlöscht.*

ERSTE GELBFIGUR *umsteckt roten Stöpsel.*

SECHSTE GELBFIGUR *vor grünheller Scheibe.* Meldung von zweitem Werk: Leistung zehn Strich unter Anspruch. *Scheibe verlöscht.*

ERSTE GELBFIGUR *umsteckt grünen Stöpsel.*

VIERTE GELBFIGUR *vor rotheller Scheibe.* Meldung von Bedarfzentrale: Anspruch für ersten Distrikt elf Quoten mehr. *Scheibe verlöscht.*

ERSTE GELBFIGUR *umsteckt roten Stöpsel.*

SIEBENTE GELBFIGUR *vor grünheller Scheibe.* Meldung von erstem Werk: Leistung zwölf Strich unter Auftrag. *Scheibe verlöscht.*

ERSTE GELBFIGUR *springt auf – noch ins Telephon.* Der Großingenieur!

Großingenieur kommt – ohne Beeilung.

ERSTE GELBFIGUR. Zählstationen kontrollieren verminderte Leistung von Gas. Nach Strichen bis zwölf bleibt Sein hinter Soll.

GROSSINGENIEUR *ruhig*. Überrascht Sie das?

ERSTE GELBFIGUR. Steht eigenes Urteil in Frage?

GROSSINGENIEUR *achselzuckend*. Wenn Sie sich verleugnen können.

ERSTE GELBFIGUR. Wie jeder im Werk Automat.

GROSSINGENIEUR. In den Hallen laufen die Automaten mit Nebengeräuschen.

ERSTE GELBFIGUR. – – Was umzischelt?

GROSSINGENIEUR. Nicht für mich.

ERSTE GELBFIGUR. Mit welcher Deutung?

GROSSINGENIEUR. Nicht für mich: dieser Hand Hub am Hebel. Nicht für mich: dieses Fußes Stoß auf den Schaltblock. Nicht für mich: dieses Auges Blick nach dem Sichtglas. Mein Fleiß schafft – nicht für mich. Mein Schweiß ätzt – nicht für mich. Mein Fron zinst – nicht für mich.

ERSTE GELBFIGUR. Kennen Sie Ihre Verantwortung?

GROSSINGENIEUR. Für Gas.

ERSTE GELBFIGUR. Man wird Sie zur Rechenschaft ziehen für jeden Strich vom Minus der Lieferung.

GROSSINGENIEUR *eigentümlich*. Ich bin bereit – zur Abrechnung.

ERSTE GELBFIGUR. Gebrauchten Sie Ihre Machtmittel?

GROSSINGENIEUR *wie vorher*. Noch nicht.

ERSTE GELBFIGUR. Verhängten Sie nicht Strafen?

GROSSINGENIEUR. Über wen?

ERSTE GELBFIGUR. Wer zuckt am Hebel – wer fehltritt auf dem Schaltblock – wer zwinkert vorm Sichtglas.

GROSSINGENIEUR. So bliebe die Schicht ohne Mann und Frau und Kind.

ERSTE GELBFIGUR. Sind alle in Widerstand?

GROSSINGENIEUR. Schicht wird lahmer mit Schicht.

ERSTE GELBFIGUR. Was wird noch geschafft?

GROSSINGENIEUR *stark*. Gas!

ERSTE GELBFIGUR. – – Warum stäupten Sie nicht den ersten, der nachließ?

GROSSINGENIEUR. Ich – stäupte ihn nicht.

ERSTE GELBFIGUR. Zweifelten Sie, daß weitertrieb, was bei einem sich zeigte?

GROSSINGENIEUR. Ich – zweifelte nicht.

ERSTE GELBFIGUR. Warum verschweigen Sie, was vorgeht?

GROSSINGENIEUR. Ich – verschwieg.

ERSTE GELBFIGUR. – – Unterstützen Sie die Auflehnung?

GROSSINGENIEUR. Mit meinen Kräften!

FÜNFTE GELBFIGUR *vor grünheller Scheibe*. Meldung von drittem Werk: Werk – –

GROSSINGENIEUR *triumphierend*. – steht still!!

SECHSTE GELBFIGUR *vor grünheller Scheibe*. Meldung von zweitem Werk: Werk – –

GROSSINGENIEUR. – steht still!!

SIEBENTE GELBFIGUR *vor grünheller Scheibe*. Meldung von erstem Werk – –

GROSSINGENIEUR. – steht still!!

Die drei Gelbfiguren verlassen ihre Tische.

ERSTE GELBFIGUR. Wer – ??

GROSSINGENIEUR. Ich befahl es! Bei meinem Weggang hierher. Mit meiner Macht, die mir von euch bestellt. Gut folgt der Gehorsam. Keiner Hand Hub am Hebel mehr für andre – keines Fußes Stoß mehr für andre –

keines Auges Blick ins Sichtglas für andre. Absinkt Hand und ballt Faust gegen euch – abschwingt Fuß und nimmt Anlauf gegen euch – abschielt Auge und schießt Blick gegen euch. Für uns Gas – – und Gas gegen euch!!

ERSTE GELBFIGUR. – – Übersehen Sie die Konsequenzen?

GROSSINGENIEUR. Keine Konsequenzen für uns!

ERSTE GELBFIGUR. Das Werk liegt von Batterien umzingelt.

GROSSINGENIEUR. In dreifachen Kreisen.

ERSTE GELBFIGUR. Schußbereit bei erster Empörung.

GROSSINGENIEUR. Empörung tobt!

ERSTE GELBFIGUR. In Schutt das Werk mit letztem Mann mit voller Salve.

GROSSINGENIEUR. Sind Sie sicher?

ERSTE GELBFIGUR. Wir lassen kleinste Frist und erwarten die Wiederaufnahme der Arbeit mit Ihrer Meldung. *Er winkt den Gelbfiguren – mit ihnen ab.*

GROSSINGENIEUR *vorn am Tisch – ins Telephon.* Zieht aus dem Werk in die Halle – in die Versammlung!

Zages Kommen – schiebende Verdichtung zur Mitte – volle Halle.

STIMME *endlich schrill – angstvoll.* Wer entläßt uns?

GROSSINGENIEUR *auf die Tribüne.* Wer füllt den Raum mit Druck zur Wand, die umläuft. Wer wich vom Werk und ließ Hebel und Schaltblock und Sichtglas instich. Wer Stimme wird aus Lautlosigkeit verschüchterter Fron!

STIMMEN und STIMMEN. Wer entläßt uns?!

GROSSINGENIEUR. Wer Hand krümmt zu Faust in Trotz.
Wer Fuß hebt in Sturm zu Angriff. Wer im Auge
mißt die Figur von Fronvogt!
ALLE STIMMEN. Wer entläßt uns?!!
GROSSINGENIEUR. Euer Befehl herrscht ins Schicksal von
euch. Euer Wort stiebt über euch mit eigenem Ge-
setz. Ihr seid gestern zehntzinsende Knechte – heute
Beherrscher!!

Stille.

STIMME. Was mit uns?
GROSSINGENIEUR. Entlassung von Schuld und Schulden-
schuld für euch. Abhub von Bürde und Buße für
euch. Austritt aus erwürgender Zwinge für euch!
STIMMEN und STIMMEN. Was mit uns?!
GROSSINGENIEUR. Aufstand aus Knien in Steile mit
euch. Wachstum aus Schwäche in Kräfte mit euch.
Schwung aus Scheu in Streit mit euch!
ALLE STIMMEN. Was mit uns?!!
GROSSINGENIEUR. Los die Wut, die faul trieb in euch. Los
der Haß, der lungerte in euch. Los das Gift, das sin-
terte in euch. Ihr sollt vergelten!!
STIMME. Sind wir mächtig?
GROSSINGENIEUR. Aus Schatten in Glanz geschoben.
Aus Notdurft in Purpur gehüllt. Aus Nichts im Über-
fluß erhaben!
STIMMEN und STIMMEN. Sind wir mächtig?!
GROSSINGENIEUR. Wie noch kein Maß verteilt war.
Keine Waffe schlug zu, wie ihr ausholt. Kein Geschoß
schlug ein, wie ihr aushaucht. Ihr seid Sieger im Auf-
marsch!

ALLE STIMMEN. Sind wir mächtig?!!

GROSSINGENIEUR. Ohne Verlust einer Fingergliedes-
spitze besteht ihr den Kampf. Ohne Dauer von halbem Tag beschließt ihr die Schlacht. Ihr seid schreck-
lich mit eurem Mittel von Überwältigung: – – Giftgas!!

Stille.

GROSSINGENIEUR *holt eine rote Kugel aus dem Kittel.*
Ich erfand es für euch. Bei euch fraß mich die
Schmach, die uns duckt zum Nutztier. Keine Se-
kunde verstellte sich mir das Ziel, das entledigt der
Zwingherrn – Haß und Scham formten die Formel,
die endlich ergab, was befreit. Jetzt triumphiert ein
Häutchen von Dünnglas, das ausbläst und ätzt gleich
das Fleisch vom Gebein und bleicht starre Knochen!

Stille.

GROSSINGENIEUR. Furchtbar verstört das Entsetzen, wer
die Kraft der Vernichtung ansieht. Lähmung und
Wahnsinn tritt ins Hirn des Beschauers, der noch
eben Lebende zu Skeletten entblößt trifft. Widerstand schreit sich nieder aus dem Munde des ersten
Neugierigen, der zuläuft und Weltuntergang heult!

Stille.

GROSSINGENIEUR. Ihr seid Sieger nach dieser Stunde, die
ewig entscheidet. Macht das Exempel, das alle Berechnung glatt löst. Tut den Wurf des Balls von der

Kuppe der Kuppel – zielt in Richtung zur Linie, die
euch belagert – – kommt ihrem Anprall zuvor – – nur
den Wurf!!

STIMME. Giftgas!

GROSSINGENIEUR. Seid Rächer!

STIMMEN und STIMMEN. Giftgas!!

GROSSINGENIEUR. Seid Kämpfer!!

ALLE STIMMEN. Giftgas!!!

GROSSINGENIEUR. Seid Sieger!!!

*Junge Arbeiter dringen auf Stufen der Tribüne – Hände
nach der Kugel.*
*Milliardärarbeiter schiebt sich zwischen sie – drückt die
erhobenen Arme beiseite.*

MILLIARDÄRARBEITER. Faßt nicht nach dem Ball. Ver-
werft die Verführung. Zerstört nicht eure Macht mit
dem Wurf!

STIMMEN. Der Milliardärarbeiter.

MILLIARDÄRARBEITER. Folgt nicht dem Anweis. Zielt
nicht ins Dunkel. Zollt nicht mit Schacher!

STIMMEN und STIMMEN. Der Milliardärarbeiter!!

MILLIARDÄRARBEITER. Schont euren Vorzug, mit dem ihr
erwählt seid. Kennt euer Mittel, mit dem ihr überwindet. Baut das Haus, das unerschütterlich dauert
auf Grund von Gestein!

ALLE STIMMEN. Der Milliardärarbeiter!!!

Die jungen Arbeiter sind von den Stufen gewichen.
Milliardärarbeiter tritt höher auf Stufen.

MILLIARDÄRARBEITER. Spreitet die Sicht für das Neue,

das ins Uralt sich verschlingt. Anfang ist endlich – und echt aus Bestand schon bekundeter Wahrheit. Große Gezeit rollt in eure Zeit mit Wiederholung. Ihr seid nicht bemüht mit Erfindung – hinter Versuch und Beweis verrückt sich eure Erfüllung. Ihr seid gelost im Rad, das in Jahrtausenden drehte – rein aus Siebung und Siebung sichtet sich eure Bestimmung!

Stille.

MILLIARDÄRARBEITER. Kein Weg mit Windung und Windung weist wie eure Straße, die ihr ankommt, nach Vollendung. Aller Gewinn rechnet sich euch – Überfluß schwoll von euren Tischen. Um euch häufte sich Gut, das Hände hinstellen –: ihr wart vergeben aus euch in den Besitz, der euch aufsog!

Stille.

MILLIARDÄRARBEITER. Das zerging, wie Sand vertreibt, den ein Kind hinspielt. Eines Windes Aufstand zögert nie ein Tagwerk zu zerbrechen – ihr verschließt nicht die Quellen, die schwarz sind von der Geburt des Orkans, der immer die Erde beunruhigt. Euch traf die Wucht mit Entladung, die euch niederwarf platt an den Boden. Euer Fall schwang tief. Der Turm eurer Höhe begrub euch!

Stille.

MILLIARDÄRARBEITER. Groß galtet ihr früher – – jetzt werdet ihr mehr: – – Dulder!!

Stille.

MILLIARDÄRARBEITER. Von euch schied sich die Sucht, die nie fertig: – Tagwerk! In euch schob sich das andre, das ohne Namen grenzenlos sättigt. Es hat nicht Tabelle und Schicht und Entlöhnung – es speist sich mit eigner Münze, die nicht mehr und nicht minder sich zahlt!

Stille.

MILLIARDÄRARBEITER. Zinst mit der Fälschung, die von euch verlangt wird. Betrügt die Betrüger mit ihrer Währung, die matt klingt. Leistet den Dienst, der nichts zeitigt. Verwandelt die Geltung, die abläuft – höhlt den Wert, der nicht wuchert: – – seid Dulder im Werk – – Entlaßne in euch!!

Stille.

MILLIARDÄRARBEITER. Baut das Reich!! Es bürdet nicht Last über euch mit neuer Entdeckung – Ferne verscheucht nicht: Anbruch drängt nah aus Verheißung, die nie kargte – Sammlung von Gesetz und Gesetz ist längst geschehn – Vorbereitung aus Zeit und Zeit überreif – nutzt euer Dasein, dem alles zufällt: – – baut das Reich, das ihr seid in euch mit letzter Befestigung!

Stille.

MILLIARDÄRARBEITER *oben auf der Tribüne.* Jetzt erfüllt

sich in euch das Wagnis durch Geschlechter und Geschlechter. Über Triften von Grüne lockte euch einer
vor mir – ihr verwiest ihn recht. Nichts um euch
schont in euch das Beträchtliche – es hürdet sich nicht
im Geviert von Siedlung und Siedlung: – – <u>nicht von
dieser Welt ist das Reich</u>!!!!

Stille.

MILLIARDÄRARBEITER. Front den Fremden – zinst dem
Zähler – laßt ihm den Lohn – schüttet ihm den Gewinn – duldet den Anspruch – verleugnet den Sta-
chel, der an euch blutet: – – seid das Reich!!

Atmende Stille.

GROSSINGENIEUR *auf Stufen herunter.* Findet ihr nicht
den Schrei für Verrat, der euch anspeit? Schweigt euer
Schelten vor einem Antrag, der euch schächtet? Ver-
geßt ihr den Zuruf, der stieß zu mir mit Gelöbnis?!
MILLIARDÄRARBEITER. Stimmt zu euch die ihr seid – in
euch entledigt!
GROSSINGENIEUR. Meßt, wer ihr bleibt – in eurer Ent-
rechtung. Nacken für Peitsche, die striemig spornt –
Schicht für Schändung, die hohnlacht – Koppel von
Vieh, das mißbraucht ist. Ohne Schluß schleicht eure
Mühsal – ein Göpel im Kreis, der euch leiert in
Stumpfheit und Dumpfheit. Bis in den Niederbruch
eurer Knöchel foltert euch Züchtigung. So seid ihr
verdingt!
MILLIARDÄRARBEITER. Richtet das Reich ein, das in euch
mit Allmacht regiert!

GROSSINGENIEUR. Rechnet die Mächtigkeit aus, die ihr erbeutet. Euer wird Werk und Gewinn – ohne Krümmung eines Fingers von euch. Gas schafft für euch wie Zauber – ihr blockt am Hebel – auf Schalter – vor Sichtglas eure Fronknechte. Ihr nutzt euren Sieg nach Vorbild des Siegers von gestern!

MILLIARDÄRARBEITER. Löst euch in Duldung aus Fron, der in euch nicht anrührt!

GROSSINGENIEUR. Überschlagt den Tribut, der euch anfällt. Keine Zone des Erdrunds, die euch mit Eintrag nicht gefügig. Keines Schiffes Raum, der euch mit Fracht nicht verbunden. Keiner Brücke Sprung, der euch mit Zufuhr nicht buckelt. Keines Drahtes Funken, der mit eurem Befehl nicht geladen. Eures Willens Bestimmung übt Herrschaft, die alles benötigt!

MILLIARDÄRARBEITER. Hört den, der wiederholt, was schon vorging: – wieder zeigt einer den Glanz unter euch, der versucht und verblendet!

GROSSINGENIEUR. Faßt euren Vorsatz mit Schrei, der unerbittlich euch bindet!

MILLIARDÄRARBEITER. Überbietet den kleinen Entschluß, der billig sich anpreist!

GROSSINGENIEUR. Feilscht mit der Frist, die euch bleibt – an die Beschießung!!

MILLIARDÄRARBEITER *auf Stufen herunter*. Kehrt ins Werk um und leistet den Dienst, der euch gering ist!

GROSSINGENIEUR *oben auf der Tribüne*. Zielt den Wurf, der entscheidet für euch mit <u>einer</u> Vergiftung!!

MILLIARDÄRARBEITER. Kehrt ins Werk um!!

GROSSINGENIEUR *die rote Kugel über sich*. Errichtet die Herrschaft!!

MILLIARDÄRARBEITER. Gründet das Reich!!

GROSSINGENIEUR. Zündet das Giftgas!!!

Stille.

MILLIARDÄRARBEITER. Schweigt und hört: wie Himmel und Erde den Odem verhalten vor eurer Entschließung, die Weltschicksal besiegelt!!

Stille.

STIMME. Giftgas!!
STIMMEN und STIMMEN. Giftgas!!!!
ALLE STIMMEN. Giftgas!!!!
GROSSINGENIEUR *triumphierend.* Unser die Macht!! Unser die Welt!! Zielt den Ball – – beeilt den Wurf – – verderbt die Beschießung!!! – – Wer?

Junge Arbeiter branden an der Tribüne auf.

JUNGE ARBEITER. Ich!!
GROSSINGENIEUR. Schont die gefährliche Kugel!
MILLIARDÄRARBEITER *die jungen Arbeiter aufhaltend – sich zum Großingenieur umwendend.* Ich bin der Bestimmte! Mich trifft Vorrecht vor andern!
ALLE STIMMEN. Der Milliardärarbeiter!!!!
GROSSINGENIEUR *gibt ihm die Kugel – verläßt die Tribüne.*
MILLIARDÄRARBEITER *oben auf der Tribüne – die Kugel in hoher Hand.* Meines Blutes Blut schlug nach Verwandlung von uns!! Mein Eifer tränkte sich mit Eifer von Mutter und Muttervater!! Unsre Stimme konnte die Wüste wecken – – der Mensch ertaubte vor ihr!!

Ich bin gerechtfertigt!! Ich kann vollenden!! *Er wirft die Kugel über sich – die zurückfällt und schwach klirrend zerbricht. – Stille.*
GROSSINGENIEUR. Giftgas!!!
ALLE STIMMEN. Giftgas!!!!

Stille der Lähmung.

Mit ungeheurem Schlag die Beschießung von außen. Gleich Dunkelheit – und tosender Einsturz von Wänden.
Stille.
Langsame Helle: die Halle ist ein Trümmerfeld von Betontafeln, die sich übereinander schieben wie aufgebrochene Grabplatten – ausragend die schon geweißten Skelette der Menschen in der Halle.
Gelbfigur – Stahlhelm, Telephon am Kopf, Draht hinter sich ausrollend – über die Schutthalde anlaufend.

GELBFIGUR *hemmt – starr irr – schreit ins Telephon.* Meldung von Wirkung von Beschießung: – – – – kehrt die Geschütze gegen euch und vernichtet euch – – – – die Toten drängen aus den Gruben – – – – jüngster Tag – – – – dies irae – – solvet – – in favil – – – – *Er zerschießt den Rest in den Mund.*

In der dunstgrauen Ferne sausen die Garben von Feuerbällen gegeneinander – deutlich in Selbstvernichtung.